石垣島

①美崎御嶽	②天川御嶽	③米為御嶽
④小波本御嶽	⑤宮鳥御嶽	⑥真乙姥御嶽
⑦長崎御嶽	⑧大石垣御嶽	⑨名蔵御嶽
⑩水瀬御嶽	⑪仲嵩御嶽	⑫山崎御嶽
⑬外本御嶽	⑭小浜御嶽	⑮崎原御嶽
⑯黒石御嶽	⑰嘉手苅御嶽	⑱真謝御嶽
⑲波照間御嶽	⑳多原御嶽	㉑大阿母御嶽
㉒宇部御嶽	㉓地城御嶽	㉔赤イロ目宮鳥御嶽
㉕群星御嶽	㉖山川御嶽	㉗浜崎御嶽
㉘底地御嶽	㉙崎枝御嶽	㉚於茂登岳・ナルンガラ
㉛於茂登清水	㉜徳底御嶽	

竹富島

㉝玻座間御嶽	㉞仲筋御嶽	㉟幸本御嶽
㊱久間原御嶽	㊲花城御嶽	㊳波利若御嶽
㊴国仲御嶽	㊵清明御嶽	㊶世持御嶽
㊷美崎御嶽		

八重山の御嶽——自然と文化

御嶽は、祭祀の日以外、地域の人々も畏れて立ち入る事を謹む聖地であり、祈りの空間です。
　御嶽の現状を変えることや境内のものを持ち去ることは、神罰が下されると伝えられて固く禁じられております。
　御嶽によって、許可なく入ることを禁じた看板もあります。
　長い間、深い信仰心で守られた御嶽に敬意の心を忘れず、入る際は、地域の方に確認しましょう！

序文

　八重山には、集落の開拓、災害誌、文化伝来など地域の様々な歴史が刻まれた聖なる自然の「御嶽」がある。御嶽は、清らかな森の中の祈りの空間であり、祭りの際は、苦難の歴史を乗り越えて受け継がれた地域の様々な文化や生の営みが演じられる伝統芸能伝承の「文化的空間」となる。森に吹く風を感じ、鳥、老木の威厳など、五感で体験できる空間でもある。同時に時代や社会を超えて、日々の荒波を生きる各々の心や魂を蘇らせる「森の空間」である。

　かつて牧野清は、『八重山のお嶽』(1989年)の前書きで「直面するお嶽の危機」と題して、職業の多様化、過疎化、神司の継承の途絶えなどによる、八重山諸島の御嶽の衰退を指摘した。それから30年余り経った2018年現在、八重山の御嶽の文化の継承と御嶽林の保全の課題は、さらに深刻になっている。都市化による開発や地域を超えて広がる病害虫、異常気象などにより生態系の危機的課題に直面して、未来に繋ぐ保全が急がれている。

　本書は、八重山の御嶽の信仰と祭礼・伝統芸能が受け継がれている「文化的側面」と御嶽林の自然生態が維持管理されている「生態的側面」、地域を象徴する景観を織りなす御嶽を、現地調査を中心に60カ所を取り上げた。八重山の御嶽の貴重な植物と御嶽の文化を未来に繋ぐ試みである。

　司馬遼太郎は『21世紀に生きる君たちへ』で、「昔も今もまた未来においても変わらないものは、不変な価値の自然であり、自然こそ神々である」と語った。

　本書は、八重山地域の貴重な「御嶽林」の実践的保全と共に、八重山で生まれ育った子供たちが、地域の文化の奥深さ、自然の面白さ・尊さを発見し、御嶽と伝統文化を未来へと受け継ぐ小さな試みとしたい。

2018年12月吉日　李春子

八重山の御嶽　自然と文化　　＜目次＞

序文 ……………………………………………………李春子　3

【凡例】 ……………………………………………………………6

I　八重山の御嶽巡り（60撰） ───────── 7

　1　石垣（32カ所） …………………………………………8

　　登野城：1 美崎御嶽／2 天川御嶽／3 米為御嶽／4 小波本御嶽

　　石垣：5 宮鳥御嶽

　　新川：6 真乙姥御嶽／7 長崎御嶽

　　大川：8 大石垣御嶽

　　名蔵：9 名蔵御嶽／10 水瀬御嶽

　　宮良：11 仲嵩御嶽／12 山崎御嶽／13 外本御嶽／14 小浜御嶽

　　大浜：15 崎原御嶽／16 黒石御嶽

　　白保：17 嘉手苅御嶽／18 真謝御嶽／19 波照間御嶽／20 多原御嶽

　　平得：21 大阿母御嶽／22 宇部御嶽／23 地城御嶽

　　川平：24 赤イロ目宮鳥御嶽／25 群星御嶽／26 山川御嶽／27 浜崎御嶽／28 底地御嶽

　　崎枝：29 崎枝御嶽

　　登野城嵩田：30 於茂登岳・ナルンガラ

　　おもと：31 於茂登清水

　　平久保：32 徳底御嶽

　2　竹富島（10カ所） ………………………………………72

　　33 玻座間御嶽／34 仲筋御嶽／35 幸本御嶽／36 久間原御嶽／37 花城御嶽／38 波利若御嶽／39 国仲御嶽／40 清明御嶽／41 世持御嶽／42 美崎御嶽

3　小浜島（4カ所）……………………………………92
　　　　43 嘉保根御嶽／44 仲山御嶽・佐久伊御嶽／45 照後御嶽・川田御嶽／46 ナカンド御嶽

　　4　黒島（2カ所）………………………………………100
　　　　47 北神山御嶽／48 南保多御嶽

　　5　西表島（8カ所）……………………………………104
　　　　49 前泊御嶽／50 離御嶽／51 干立御嶽／52 ムトゥ御嶽／53 船浮御嶽／54 請原御嶽／55 三離御嶽・兼真御嶽／56 慶田城御嶽・平西御嶽

　　6　鳩間島（2カ所）……………………………………120
　　　　57 友利御嶽／58 新川御嶽

　　7　与那国島（2カ所）…………………………………124
　　　　59 久部良御嶽／60 比川御嶽

Ⅱ　八重山の御嶽を考える────────────129
　　　八重山の御嶽──「祈り」と「祭り」の祭祀空間 …………李春子
　　　我が小浜島の稲作とお嶽──唄を通して ……………花城正美
　　　八重山の御嶽の巨樹・巨木……………………………前津栄信
　　　八重山と台湾の特定樹木の保全における共通の問題………傅春旭

Ⅲ　＜資料＞────────────────221
　　1　御嶽の樹木誌
　　2　八重山諸島村落絵図

【凡例】
（1）
 Ⅰ　八重山の御嶽巡り（60 撰）

  御嶽の選択は、①御嶽の地域の信仰と祭礼・伝統芸能が受け継がれている所（文化的面）②森の生態が維持されて地域で維持管理を行っている所（生態的面）③御嶽が地域を象徴する景観を織りなす所（景観）を勘案した。写真は、①全景②参道の樹木③イビの祈り・豊年祭等祭り④保全活動などを対象にした。

  今回、各御嶽由来の記述の神名、イベ名は、『琉球国由来記』を引用した。何故なら、『琉球国由来記』は、一般的に広く普及されていて、簡単に検証できるからである。また、『八重山嶋由来記』に基づいて、琉球王府でまとめた資料であるからである。

 Ⅱ　八重山の御嶽を考える

  李春子、前津栄信、傳春旭、花城正美の4論考で構成した。脚注は、巻末にまとめた。

 Ⅲ　＜資料＞

  1「樹種別植物」

  出典：『西表島の植物誌』（西表森林生態系保全センター）。同時に写真提供を受けた。そのほか、初島住彦『琉球植物誌』（1971年）、天野鉄夫『琉球列島有用樹木誌』（沖縄出版、1989年）を参考にした。

  2「八重山諸島村落絵図」

  沖縄県立図書館・貴重資料デジタル書庫（http://archive.library.pref.okinawa.jp）の「絵図1〜絵図6（全202枚）」から掲載許可を得て37枚を掲載した。縦横写真の不揃いのため、配置は順不同とした。

（2）表記について

 ・省略は、引用文も含め……に統一した。数字は引用文を除き、洋数字に統一した。ルビは、引用文でも読みやすくするため、適宜、読みを振った。

 ・引用は2字下げ、活字の級数を落とした。本文中の（　）内の補足も活字サイズを小さくした。

 ・参考文献は、著者「論文名」『書名』発行所、発行年（西暦）　p00-p00（引用頁）で表記を統一した。

Ⅰ　八重山の御嶽巡り 60 撰

1 美崎御嶽　　★ 県有形文化財、民俗文化財

【方　音】ミシャギオン、ミサキィオン、クギオン
【所在地】石垣島登野城

【由来及び地域誌】

八重山初の「公儀御嶽」

『琉球国由来記』巻二十一「神名　大美崎トウハ　登野城村　御イベ名　浦掛ノ神ガナシ」

　1500年、首里王府に抵抗したオヤケ・アカハチ事件で首里王府と関わった長田大翁主の妹・真乙姥(いらびがに)は永良比金の神託を王府軍に伝え、さらに王府船の無事を祈願した。その結果、王府船が無事帰還を果たした功績に対して八重山初の大阿母の神職が置かれ「公儀御嶽」となる。
　「八重山諸島村落絵図」に描かれたように、かつては海岸沿いだったが1934年の護岸工事で周囲が埋め立てられた。登野城小学校校歌(作詞:宮良当壮)に「美崎の海を前にして　松のみどりのその中に　ひらけ栄えし登野城校　神苑近き清き地に」と歌われる地域の誇りの森でもある。

拝殿と境内

I 八重山の御嶽巡り60撰【石垣島】

イビ

境内で課外授業（八重山農林高校）

拝殿の内部

【祭礼】

旧暦・正月年頭願い、2月たかび、3月サニズ（龍宮願い）、世迎え、世ぬ首尾、豊年祭、8月初願い、9月9日重揚の節句（芋の初上げ・菊酒）、10月たかび、節祭、御願解きなどの祭事がある。

［覚え］現在、大川の村公事御嶽として管理されている。拝殿の中は、3つの香炉があり、水の神、於茂登通し、イラビンガニ竜宮の神を拝むという。

【植生】

イビの周辺には、ハスノハギリ、テリハボク、クワノハエノキ、モモタマナ、シマグワ、クロヨナ、フクギ、ガジュマル、ヤンバルアカメガシワなどが生育し、オオゴマダラが飛翔している。

『沖縄県社寺・御嶽林調査報告』4（1981年）に、ハスノハギリが優占と記されている。

鳥居や拝殿の前に井戸があり、広場となっている。

2 天川御嶽

【方　音】アーマーオン
【所在地】登野城

【由来及び地域誌】

霊石信仰で豊漁・豊作

『琉球国由来記』巻二十一「神名　天川ハナサウ　御イベ名　アマイラ本主」

　昔、天川家の祖先・野佐真（アーマーヤ）という人が糸数原の海岸に「カイラーギイ」（魚垣）を作り、漁業に携わっていた。そこでは天川原の霊石を信仰して常に豊漁・豊作であった。このため一般の人々も尊信するようになったと伝えられる。
　『八重山嶋旧記』の七嶽（美崎御嶽・宮鳥御嶽・長崎御嶽・天川御嶽・糸数御嶽・名蔵御嶽・崎枝御嶽）の一つとして、琉球王国時代に上国役人や定納船の航海安全が祈願された。
　旧暦5月4日、海神祭（ハーリ；船漕ぎ）には漁業関係者等が参拝して、航海安全や豊漁を祈願する。また、年3回海人（うみんちゅう）の婦人達によるムラウガミがある。

豊年祭　巻踊り（マーニを頭に巻いて稲穂を持って踊る）

イビでの祈り

豊年祭の踊りの奉納（山いらば）

イビの入口

【祭礼】

旧暦・一年の礼儀、正月初祈願、３月３日の草葉願い、４月の山・海止め、海神祭、豊年祭、８月願い、９月９日芋祭・菊酒などの年中行事が行われる。

豊年祭には、旗頭（天恵豊）、長老によるミシャグパーシィ（神酒奉納）、巻き踊り、太鼓打ち、棒術などの伝統芸能を奉納する。

【植生】

イビの周辺は、最大樹種のハスノハギリの巨木、クワノハエノキの優占群落が発達している。

ほかにテリハボク、モモタマナ、フクギ、ガジュマル、マルバチシャノキ、イヌビワ、近年植えたサガリバナなどが生育する。

明和大津波で御嶽が流され、1774年に諸木を植えた記録がある。

御嶽は、宅地化が進む中で貴重な自然となっており、境内は地域の憩いの空間として利用されている。

3 米為御嶽　★石垣市有形民俗文化財

【方　音】イヤナスオン
【所在地】登野城

【由来及び地域誌】

安南から稲作伝来

　昔、安南（現在のベトナム）のアレシンという所から八重山に初めて稲作を伝えたとされる兄妹の御嶽の由来がある。米為御嶽は、妹の墓と伝えられる。
　兄・タルファイの墓は、字大川の大石垣御嶽である。現在、平得の北方から登野城の小波本御嶽一帯に「田原」という地名が残っている。この御嶽は古くから、水元の神様として信仰を集め、かつて旱魃が続くと雨乞いの儀礼が行われ「小波本いやなし」が歌われた。
　種子取祭は、小波本御嶽・米為御嶽に米や酒、紅白のイバチ（おにぎり）を供え「世願い」を行う。神事後は、稲がしっかり稔ってほしいという思いでゴザに座って「稲が種子アヨー」が謡われる。
　豊年祭には、旗頭（天恵豊）、ミシャグパーシィ（神酒奉納）、巻き踊り、旗頭などの伝統芸能が奉納される。

御嶽の全景（拝殿は設けられていない）

神酒奉納

【祭礼】

旧暦・一年の礼儀、旧正月元旦、正月初願、2月タカビ、海止め・山止め、6月世の首尾、6月豊年祭、8月願い、9月9日芋・菊祭り、10月タカビ、種子取祭、等がある。

【植生】

最大樹種のガジュマルの巨木が茂る。入り口にはフクギ、デイゴ、ヤンバルアカメガシワ、テリハボクなどがある。

豊年祭の巻踊り

神司の石垣さん

種子取祭では「稲が種子アヨー」を歌う

4 小波本御嶽

★ 石垣市有形民俗文化財

【方　音】クバントゥオン
【所在地】登野城

【由来及び地域誌】

稲作伝来の兄妹御嶽

　昔、安南（現在のベトナム）のアレシンという所から八重山に稲作を伝えたとされる兄妹の伝説の御嶽。小波本御嶽は、タルファイとマルファイ兄妹の住居跡と言われる。現在の登野城北部のクバントゥ原に水田を開き、住居を構えて稲作を始め、八重山に初めて稲作を伝えたとされる。

　古く、クバントゥ原に北方台地に「クシィキバゲーナ」という大きな湧き水があり、晴天には黒島からも見えたと伝えられる。このバゲーナという湧水はフナー（大きな流れ）となり、低地は稲作の水田適作地になったという。

　現在、平得の北方から登野城の小波本御嶽一帯に田原という地名が残っている。登野城の年間の農耕儀礼はこの御嶽が最初に拝まれる。古くは水元の神として信仰され、竹富島や波照間島などでも「クバントゥ・イヤナス　雨タボレ」と雨乞いの歌が歌われたり、この御嶽に参じて祈願も行なわれた。

御嶽の正面

Ⅰ 八重山の御嶽巡り60撰【石垣島】

種子取祭

ヤンバルアカメガシワ

――――【祭礼】

旧暦・一年の礼儀、旧正月元旦、正月初願、2月タカビ、海止め・山止め、6月世の首尾、6月豊年祭、8月願い、9月9日芋・菊祭り、10月タカビ、種子取祭、等がある。

――――【植生】

クワノハエノキ、タブの優占樹種のほか、リュウキュウガキ、ヤンバルアカメガシワ、フクギ、コミノクロツグなどがある。

御嶽の全景

種子取祭（神酒やイバチ等を供えて稲の成長を祈願する）

5 宮鳥御嶽　　★ 民俗文化財

【方　音】ミヤトリオン
【所在地】石垣

【由来及び地域誌】

石垣、登野城村の始まり

『琉球国由来記』巻二十一「神名　ヲレハナ　御イベ名　豊見タトライ」

　昔、島には村がなく人々が争っていた頃に、マタネマシズ（妹）、ナアタハツ（男）、平川カワラ（男）という兄弟妹三人がいた。ある時、宮鳥山屋に神託があり、人間はみな神の子で諸人皆兄弟であり、お互いに慈悲の心で諸人に接するようにと神に告げられた。これが、石垣・登野城の始まりとなった。
　近くに神に捧げる水を汲む井戸のソーソーマカーがある。
　イビの奥に石城山、於茂登嶽へのお通しの香炉がある。古地図では広大な森を思わせるが、1910年に石垣小学校建設のため、現在の規模になったという。

豊年祭

イビでの神司の儀式

ミシャグパーシィ（神酒奉納）

イビの入口

――――――【祭礼】

旧正月初祈願、2月たかび、3月草葉願い、4月山止め・海止め、5月山の門開き、6月米の初上げ、世ぬ首尾、豊年祭、8月初願い、九月九日芋の初上げ・菊酒、10月たかび、6年に1度の結願祭などがある。

豊年祭には、旗頭、ミシャグパーシィ（神酒奉納）、巻き踊り、太鼓隊、キャリヒヌザイ、棒術、獅子舞などの伝統芸能が奉納される。

――――――【植生】

御嶽内は、クワノハエノキ、ガジュマル、リュウキュウガキ、フクギ、アカギ、テリハボク、ヤンバルアカメガシワなどが生育している。

天然記念物に指定されていたリュウキュウチシャノキは2007年、イビの前のクワノハエノキは2017年に南根腐病で枯死した。

イビの森にはオオゴマダラが飛翔している。

6 真乙姥御嶽

【方　音】マイツバーオン、マイツバオン
【所在地】新川

―――――――――――――――――――――――――【由来及び地域誌】

八重山初の大阿母の墓

　1500年オヤケ・アカハチ事件で首里王府と関わった長田大主の妹、真乙姥の墓を祭神とする。首里王府兵船の無事帰還を果たした功により、平得の多田屋於那理(八重山初の大阿母)と上国して尚真王から永良比金の神職を授けられた。

　1757年に、石垣村から新川、登野城から大川が分立し四箇字(しかあざ)となった。明和大津波(1771)の後、落ち込んだ民の志気をあげ、祭りを通して島を融合する四箇字豊年祭のムラプールがこの御嶽を中心に行われるようになった。

　御嶽のすぐ近くに真乙姥井戸があり、神事の水に使ったとされる。

御嶽の全景

豊年祭の巻踊り奉納

オオバアコウと豊年祭のアヒャー綱

「五穀の種子授けの儀」(豊年祭の農の神から神司が五穀種を受け取る)

【祭礼】

旧暦・正月初祈願、2月たかび、中願い、初上げ、世の願い、豊年祭、8月初願い、9月9日芋祭、10月たかび、種子取祭などがある。

豊年祭の2日目のムラプールは、各字による旗頭、ミシャグパーシィ、巻き踊り、太鼓打ちなどの伝統芸能と「アヒャー綱」と大綱引きが行われる。

【植生】

最大樹種のオオバアコウ(幹周り12.4m)、テリハボク、クロヨナ、アカテツ、リュウキュウガキ、クワノハエノキ、フクギ、クスノハガシワなどが生育する。

イビ周辺のクワノハエノキやフクギなどは2018年に南根腐病で枯死し、持続的御嶽林の保全の課題がある。拝殿の後ろの森は2008年に駐車場を撤去して植樹した。

7 長崎御嶽

【方　音】ナースクオン、ナーサキィオン
【所在地】新川

【由来及び地域誌】

新川村由来の 「新生井戸」

『琉球国由来記』巻二十一「神名　神ガ根　御イベ名　スキヤアガリ　此嶽、由来不相知」

　昔、新川の長崎家の祖先が森の中で霊火を見た所に夫婦石があり、そこを祀ると豊作になったという。明治の地図には御嶽の近くまで海で、境内は広大であったという。
　『八重山嶋旧記』の航海安全を祈る七嶽（美崎御嶽・宮鳥御嶽・長崎御嶽・天川御嶽・糸数御嶽・名蔵御嶽・崎枝御嶽）の一つ。御嶽の西方に御嶽の神前に捧げた湧き水の「新生井戸(あらまりな)」があり、1757年に石垣村から分村した際の「新川村」名はこの井戸に由来するという。

御嶽の全景

クワノハエノキの巨木が茂るイビ

豊年祭の旗頭

豊年祭の踊り奉納

――――――【祭礼】

　旧暦・正月初祈願、2月たかび、3月草葉願い、4月山止め・海止め、世ぬ首尾、豊年祭、8月初願い、9月9日芋の初上げ・菊酒、10月たかび、旧暦11月種子取祭、御願解きなどがある。

　豊年祭は、旗頭、うるずん、巻き踊り、新川布晒節、桃里節、太鼓打ちなどの伝統芸能が奉納される。

――――――【植生】

　最大樹種クワノハエノキ、テリハボク、フクギ、シマグワ、モモタマナ、クロヨナ、マルバチシャノキなどが生育する。

　御嶽近くはかつて海岸沿いであったのだが埋め立てられ、今では宅地が周囲に広がっている。拝殿前の広場は、公園として利用されている。境内の幼木の保全が必要と考えられる。

　『沖縄県社寺・御嶽林調査報告』(1981年)では、テリハボク・クワノハエノキが優占する。低木層と草本層の発達は極めて貧弱と記されている。

8 大石垣御嶽

【方　音】ウシャギオン
【所在地】大川

【由来及び地域誌】

稲作伝来の兄の墓

　昔、安南（現在のベトナム）のアレシンという所から八重山に初めて稲作を伝えたタルファイとマルファイ兄妹の伝説の御嶽で、兄タルファイの墓とされる。妹の墓は米爲御嶽と伝わる。また、小波本御嶽は兄妹の住居跡と言われる。
　かつて、大川村が登野城から分村して拝殿を建てた時、柱の穴から湧き水が出たことから水の神として信仰を集め、古くから雨乞いの祈願が行われた。

御嶽の全景

I 八重山の御嶽巡り60撰【石垣島】

拝殿

供え物(八重山農林高校)

豊年祭　奉納舞踊「山いらば」(八重山農林高校郷土芸能部)

ガジュマルの巨木

【祭礼】

旧暦・正月初祈願、世の首尾、豊年祭、8月初願い、9月9日(菊酒)、11月種子取祭などの年中行事が行われる。

豊年祭は、太鼓、巻き踊り、旗頭、棒術などが奉納される。毎年、八重山農林高校郷土芸能部などが芸能奉納を行っている。

【植生】

ガジュマルの巨木のほか、テリハボク、クワノハエノキ、デイゴ、モモタマナ、ヤンバルアカメガシワ、フクギなどがある。境内は広場となっているが、持続的保全のため植林が必要と考えられる。

9 名蔵御嶽

【方　音】ノーラオン
【所在地】名蔵

――――――――――――――――――――――――――【由来及び地域誌】

於茂登岳の麓に鎮座、神名もオモトに由来

『琉球国由来記』巻二十一「神名照添照明シ　御イベ四座ノ名　オモトアルジ　東花テヨシハナ　ナカオモトナカタライ　袖タレ大アルジ」

　昔、ハツカネ・タマサラウという兄弟と妹のオモトオナリの伝説がある。『八重山嶋旧記』の年貢上納船の航海安全を祈願する七嶽（美崎御嶽・宮鳥御嶽・長崎御嶽・天川御嶽・糸数御嶽・名蔵御嶽・崎枝御嶽）の一つ。

　於茂登岳から流れる豊かな水は、古くからノーラヌー（名蔵野）と呼ばれる肥沃な穀倉地帯を形成した。1930年代に台湾から名蔵に入植した人々は、パイン産業や水牛を導入するなど八重山の農業に大きな影響をもたらした。その後、望郷の念を抱いた台湾移住者たちが旧暦8月15日に土地公祭を行うようになったという。

御嶽の全景（後方は於茂登岳）

イビ

参道

神木のオオバアコウ

豊年祭の旗頭（写真提供：名蔵公民館）

──────【祭礼】

旧暦・正月の初祈願、世の願い、豊年祭、8月15日土地公祭、9月9日芋祭が行われる。毎月1日、15日に於茂登岳裾のナルンガラの水を汲んで、その水を供えるという。

豊年祭には、地域で採れたパイナップルや野菜などを供える素朴な儀礼と旗頭、太鼓、巻踊など様々な芸能が奉納される。

──────【植生】

最大樹種オオバアコウのほか、高木層の樹種は、センダン、フクギ、タブノキ、ヤンバルアカメガシワ、シマグワ、リュウキュウハリギリなどがある。ヤエヤマシタンは自生ではなく植えたものと考えられる。

『沖縄県社寺・御嶽林調査報告』(1981年)には、「見事な御嶽林が発達する。群落構造は、4階層に分化する」と記された。しかし、近年、御嶽の木々の枯死や倒木が多く、南根腐病によるものと思われる。持続的保全のための対策が課題である。

10 水瀬御嶽

【方　音】ミズシオン、ミジィシオン
【所在地】名蔵

――――――――――――――――――――――――――――【由来及び地域誌】

水の信仰、雨乞い祈願

『琉球国由来記』巻二十一「神名　照添照明シ　御イベ名　水瀬大アルジ」

　慈雨を乞う水元の信仰として伝える。かつて、干ばつが続くと水瀬御嶽と登野城の米為御嶽、小波本御嶽、天川御嶽で雨乞い祈願が行われた。水瀬御嶽の大岩の穴の中に枯れることのない水溜りがあり、それが水の信仰と繋がったと伝えられている。
　拝殿はない。

――――――――――――――――――――――――――――――――【祭礼】

　年中行事は、旧暦・正月初祈願、世の願い、豊年祭が行われる。毎月1日、15日に於茂登岳裾のナルンガラの近くから水を汲んで供えるという。

御嶽の全景

I 八重山の御嶽巡り 60 撰【石垣島】

イビ

参道

【植生】

　最大樹アコウ(幹周7.13m)のほか、タブノキ、ヤンバルアカメガシワ、アカテツ、ガジュマル、ビロウ、モクタチバナ、シマグワ、オオバギ、アオギリ、フクギなどが生育する。リュウキュウハリギリも１本のみ分布する。
　『沖縄県社寺・御嶽林調査報告』(1981年)によると、タブノキ、アコウの優占する森林である。

11 仲嵩御嶽

【方　音】ウイヌオン、ナカダキオン、ナカタケオン
【所在地】宮良

【由来及び地域誌】

集落の背後に於茂登岳

『琉球国由来記』巻二十一に「神名　宮ヤ鳥ヤ山　御イベ名　照明ケンナフ　右六御嶽（仲嵩、山崎・外本・嘉手刈・真和謝・多原御嶽）、昔西カワラ・東カワラ兄弟がいて、兄は宮良・弟は白保に家を構えて諸人心々ニ所々ニ家ヲ作……彼兄弟ノ居処へ漸々我モ誰モト相集、村ト成ル……六御神ヲ六嶽ニ勧請シテ今迄崇メ来也。宮良・白保二ケ村モ大瀬モ其時始タルト」とある。

　仲嵩御嶽は別称「上ぬ御嶽」といい、集落の背後の於茂登岳が見える主要耕作地の高地に位置する。「大波之時各村之形行書」にも「旧式の通り別状なし」という記録がある。「仲嵩御嶽の歌」では、「宮良という島（村）は　果報の島だから　仲嵩を腰当てに　富裕を前にしている」と歌われる。

　イビのペーダの外、左前には於茂登岳（オモトテラス）を崇める香炉があり、神司ではなく、山当たり（成底氏2名）の氏子が祈る。御嶽の周囲の広大な畑の耕作地は、お宮所有という。

御嶽の全景（サトウキビ畑が広がる）

イビ

於茂登岳を遥拝するイビ

【祭礼】

旧暦・正月年頭願い、2月たかび、3月15日から5月15日まで山止めとして、草木を切ることを禁じ、御嶽に入れない禁忌「ムニン」があり、作物が順調に育つことを祈る。

6月オースクマ願い、豊年祭、8月世願い、9月9日重陽の節句・芋祭には山当たり（氏子）がオモトテラスを拝むイビで祈願が行われる。10月たかび、節祭などがある。

神年（子年、虎年、牛年、酉年）には結願祭がある。

【植生】

タブの巨木のほか、オオバキ、フクギが優占する。ほかにシマグワ、オオバイヌビワ、クロヨナ、フクギなどが育つ。

かつて、西側に大きい岩山があったが土地改良の際に崩されたという。

拝殿

イビの奥

12 山崎御嶽

【方　音】ヤマザキオン、ハマサキィオン
【所在地】宮良

【由来及び地域誌】

海中に雨乞いの石がある水元の御嶽

『琉球国由来記』巻二十一に「神名　ミヤ鳥ヤ神本　御イベ名　玉置カワスシヤ」
「右六御嶽(仲嵩・山崎・外本・嘉手刈・真和謝・多原御嶽)、立始ル由来ハ、昔西カワラ・東カワラ兄弟がいて、兄は宮良・弟は白保に家を構えて諸人心々ニ所々ニ家ヲ作……彼兄弟ノ居処へ漸々我モ誰モト相集、村ト成ル……六御神ヲ六嶽ニ勧請シテ今迄崇メ来也。宮良・白保二ケ村モ大瀬モ其時始タルト」とある。

　御嶽の正面300mの海中に「雨乞石」があり、南の海からのニライ・カナイの神に慈雨を乞う印とされる。かつて、旱魃の時は、水岳の前の七川良から水を汲んできて雨乞い神事が行われ、「雨乞いチィチィ」を歌ったという。今も山崎御嶽では、8月に水本の願いがある。

御嶽の全景

Ⅰ 八重山の御嶽巡り60撰【石垣島】

イビ

多様な木々が循環しながら生育している参道

参道

海中の雨乞い石

――――【祭礼】

旧暦・年頭の祈願、世願い、6月の豊年祭、8月世願い、9月9日の願い、種子取祭、神年（子年、虎年、牛年、酉年）の結願祭などが行われる。

作物の播種、麦、稲、粟などの種蒔きに合わせて、各御嶽で祈願が行われる。

山崎御嶽の前の海では、神司、氏子達による虫払い祈願がある。

――――【植生】

樹種は、ハスノハギリ、テリハボク、フクギ、オオハマボウ、ヤエヤマシタン、リュウキュウキョウチクトウなどがある。

海岸植物が繁茂して防潮林の役割を果たしている。熱心な嶽人衆（やまにんじゅ）によるフクギなどの植樹が続けられている。

13 外本御嶽

【方　音】ナカヌオン、フカントゥオン
【所在地】宮良

――――――――――――――――――――【由来及び地域誌】

明和大津波で流出、御嶽再建

『琉球国由来記』巻二十一に「神名　神ノ根　御イベ名　照月キンナフ　右六御嶽(仲嵩、山崎・外本・嘉手刈・真和謝・多原御嶽)昔西カワラ兄弟、兄ハ宮良・弟ハ白保、諸人心々ニ所々ニ家ヲ作……相集村ト成ル……宮良・白保二ケ村モ大瀬モ其時始タルト……」とある。

　明和の大津波で、元の御嶽は流出したが、難を逃れた大久家のブナリがかつての御嶽のあった場所のフクギを発見して、御嶽を再建したと伝わる。
　御嶽の入り口に神に願立てして水脈を掘り当てたと伝わる40石段を下る井戸「安多手井」がある。
　「外本御嶽の歌」に「宮良村の上に　弥勒世を賜り　弥勒世果報　安多手井戸の上に　稲粟の稔りは　弥勒の世界報……」と謡う。『沖縄の神歌』(1992年)
　かっては、節祭の時、各家の人々はこの「安多手井」水で清めた。現在は、井戸での神司による祈りが行われる。

御嶽の全景

Ⅰ 八重山の御嶽巡り60撰【石垣島】

参道

イビの入口(ペーダ)

イビの奥(石垣が二重になっている)

【祭礼】

　旧暦・年頭の祈願、世願い、6月の豊年祭、8月世願い、9月9日菊酒願い、種子取祭などが行われる。

　作物の播種、麦、稲、粟などの種蒔きに合わせて、各御嶽で祈願が行われる。

　神年(子年、虎年、牛年、酉年)の8月に結願祭が行われ、旗頭、神酒奉納、巻き踊り、太鼓打ちなどが奉納される。

【植生】

　拝殿の前は、テリハボク、クロヨナの巨木とガジュマルが優占する群落が発達している。イビの周辺には、オオバイヌビワ、タブノキ、リュウキュウコクタン、カジノキ、シマグワなどが出現する。

　イビは、左右を石垣で囲んだ独特な空間構造となっている。

14 小浜御嶽

【方　音】クモウオン
【所在地】宮良

【由来及び地域誌】

小浜島の照後御嶽の分神を勧請

　明和大津波(1771年)で宮良村は人口の85％余りを失い、小浜島から320人が移住させられた。人々は故郷の小浜島を遠望できる村の西側の高台を選んで、小浜で信仰していた照後御嶽の分神を勧請して祀った。
　「八重山諸島村落絵図」によれば、明治時代まで拝殿はなかったが、大正5年(1916年旧暦6月)初めて建てたとされる。
　鳥居前の道路沿いは、地域の婦人会が折々の花を植えて世話をしている。参道には、氏子達によりフクギが植えられている。

御嶽の全景

Ⅰ 八重山の御嶽巡り60撰【石垣島】

イビの入口（ペーダ）

イビの中の香炉

拝殿前のガジュマルの大木

【祭礼】

旧暦・年頭の祈願、世願い、6月豊年祭、8月世願い、9月9日菊酒願い、種子取祭などが行われる。

作物の播種、麦、稲、粟などの種蒔きに合わせて、各御嶽で祈願が行われる。神年（子年、虎年、牛年、酉年）には、結願祭がある。

【植生】

フクギ、テリハボク、アコウ、ガジュマルの他、リュウキュウチシャノキ（天然記念物）が1本ある。イビは、石積み構造で入り口には大石があり、奥に香炉が置かれている。参道は白いサンゴ砂が敷かれ、石で仕切られている。鳥居右側にはアコウの巨木が聳え立ち、多様な自然植生が循環していると考えられる。

『沖縄県社寺・御嶽林調査報告』(1981年) の記述と変わらない豊かな植生が広がる。

15 崎原御嶽

【方　音】サキバルオン、サキィバルオン
【所在地】大浜

【由来及び地域誌】

八重山の鉄器伝来

『琉球国由来記』巻二十一「神名　崎原神根付　御イベ名　フシカウカリ」

　大昔、大浜に、ヒルマクイ・幸地玉ガネ兄弟が住んでいた。当時、島には鋤や鍬、鎌などがなく、それを買い求めるため、兄弟は薩州（鹿児島）に渡った。帰る時、白髪の老人が兄弟の乗った船を導き、八重山に無事帰還した。以来、感謝を込めて祀るようになったという八重山の鉄器伝来の伝承が残っている。

　豊年祭の時、神司らが神迎えの世願いをする東崎浜（カースンヤ）は、五つの石を並べたイビがある。古くはヒルマクイ・幸地玉ガネ兄弟が薩州坊泊へ鉄の農具を求めに行った時、その家族らが無事帰島を祈願した浜と伝わる。大浜小学校歌には「崎原御嶽の前に遠く、高鳴る海の潮風に赤いデイゴの花開く、ああ楽しい学び舎に強くのびる若い芽だ」という一節がある。かつてデイゴの見事な巨木があった崎原公園はこの御嶽にちなんで命名された。

御嶽の全景

境内

【祭礼】

旧暦・正月初祈願、草葉願い、6月オーセ願い、豊年祭、オーセ願い、8月初願い、9月9日菊酒、10月たかび、11月節祭、種子取祭などの年中行事が行われる。

豊年祭には、神司祈願と拝殿で氏子による神酒奉納(角皿)が行われる。カースンヤ浜で各御嶽を象徴する5個の石の前で、神司たちが「東節(あがり)」を歌いながら世乞い祈願を行う。オーセーでは旗頭奉納、イルク太鼓、弥勒行列などがあり、夜はツナヌミンや大綱引きなどが行われる。

節祭には、茅敷浜で「爬竜船(ハーリー)」が行われる。

【植生】

拝殿の前にはガジュマルの巨木がある。フクギ、センダン、リュウキュウチシャノキ、オオハマボウ、クロヨナ、モモタマナ、タブノキなどが茂る。

鳥居周辺はフクギが優占樹種となっている。

豊年祭のカースンヤ願い

豊年祭の世果報願(世迎い)

16 黒石御嶽

【方　音】グリシオン
【所在地】大浜

―――――――――――――――――――――――――――【由来及び地域誌】

大津波の後、再建された御嶽

『琉球国由来記』巻二十一「コルセ御嶽　神名　大コルサ　御イベ名　月ノマシラヘ」

　『球陽』にある「赤蜂、平得村の嵩茶、大浜村の黒勢などを遣わし云々」の「黒勢」は、黒石村と縁のある人物と考えられる。大浜の年中祝祭には、神節として「東節(あがりぶし)」と共に「夜雨節」が謡われる。
　大浜の豊年祭は、各御嶽の神司やカンマンガがカースンヤやオーセの前で「東節」を歌う。
　「1、東(アガリ)から来る舟(フニ)や我上ぬ　すんきゃーら　エーシターレ(囃子)　スウミヤヨ　ユウバナウレ(世は稔れ)　2、ウハラカラ　クールウフニ(大海原から来る船)　3、ナユシャル　フニヌドウ(どんな船が)　4、イカシャル　フニヌドウ(如何なる船が)　5、ヌシャネン　フニヌドウ(主が無い船が)　6　シドゥヤネン　フニヌドウ(船頭ない船が)　7、アワダーラ　ドウヌセーオール(粟俵を載せて来なさる)　8、クミダーラ　ドウヌセーオール(米俵を載せて来なさる)　9、ウハマムラ　ウイナガ(大浜村の上に)　10、グルシィムラ　ウイナガ(黒石村の上に)　11、ミルクユバ　タボウラレ(福の世を給わり)　12、ウキヌユバ　タボウラレ(受けの世を頂く)

御嶽の全景

豊年祭・イビでの神司の祈り

拝殿の内部

豊年祭の氏子たちの祈り

【祭礼】

旧暦・正月初祈願、3月草葉願い、6月オーセ願い、豊年祭、8月初願い、9月9日菊酒、節願い、種子取祭などの年中行事が行われる。

豊年祭は、神司の祈願、氏子らの神酒奉納が行われる。オーセーで旗頭奉納、イルク太鼓、弥勒節に合わせてミリク行列、ツナヌミンや大綱引きなどが行われる。

節祭には、爬竜船(ハーリー)が行われる。

【植生】

優占樹種のガジュマルのほか、フクギ、ヤンバルアカメガシワ、クロヨナ、アコウ、ノアサガオなどがある。拝殿の周囲には、かつてなかったヤシが植栽されている。

『沖縄県社寺・御嶽林調査報告』(沖縄県教育庁、1981年)の写真と比べると木々の縮小が認められる。

17 嘉手苅御嶽

【方　音】カチガラオン
【所在地】白保

【由来及び地域誌】

災害で御嶽移動。豊年祭はミルク行列・稲の一生など、多彩な演目

　白保集落は、1713年波照間島から300人が移住され、更に1771年大津波後、418人が移住されて村を立てたとされる。嘉手苅御嶽は、明和の津波後、嘉手苅原の旧地から津波後、上地に奉遷、さらに旧地に戻された。嘉手苅御嶽のイビの横に「真謝井」を掘った真謝の飾墓「飾場拝所」がある。
　「真謝井戸節」にも歌われる「真謝井戸」は、御嶽の前にある。白保は、豊年祭や神事の後は、「白保節」が歌われる。「白保村上なか弥勒世ば給られ　二、稲粟の稔り常にゆいん勝らし　三、首里天加那志御物　御残いぬ稲粟　四、泡盛んまらしょうり　うんしゃぐん作りょうり……」
　豊年祭は、旗頭奉納をはじめ、巻き踊りやミルク行列、稲の一生行列など様々な伝統芸能や行列が盛大に行われる。

御嶽の全景

イビ

【祭礼】

旧暦・正月初祈願、3月草葉願い、山止め・海止め、6月オースクマ願い、豊年祭、8月初願い、9月9日菊酒、10月たかび、種子取祭などの年中行事が行われる。

旧暦8月、最初の水の日に神司らによる初水（アラミジ）の願いがある。

【植生】

イビの周辺にはフクギがある。境内ではテリハボクなどが見られる。

『沖縄県社寺・御嶽林調査報告』（沖縄県教育庁1981年）の写真と比べると周囲の木々の縮小が見られる。また記述されていたデイゴ、ガジュマルは見られない。持続的生態保全のため、自生のフクギ、テリハボクの種が根付くように育てる必要がある。

ミルク行列を迎える神司（写真提供：八重山毎日新聞社）

豊年祭の「稲の一生」行列（写真提供：内原七海氏）

18 真謝御嶽

【方　音】マジャオン
【所在地】白保

【由来及び地域誌】

明和大津波で流出。災害を乗り越え、祭りは輪になって歌い、思いを一つに

『八重山島由来記』には、「真和謝御嶽」と記されている。

真謝御嶽は、明和の大津波で流されたため、ユナムルの北の高地の上野地（上の村）に奉遷された。さらに、1793年に現在地に移動した。豊年祭の時、ヤマニンジュは「角皿（シヌザラー）」を歌う。コミノクロツグの葉を頭に巻き、女性は内側、男性は外側で巻き踊りをする。

「角皿」

「1、キュガピーバ　クガニピーバ　サユヤサ　ムトウバショイヨー（今日の日　黄金の日を　基にして）　2、カンプバナ　ヒャホー　ウイプバナ　ウヤイス（神穂花　上穂花を捧げます）　3、ナウリユウヌ　ミギリユウヌ　ミブギン（稔る世　実入る世のお蔭で）　4、シヌサラユ　ユスヌサラ　ウヤイス（角皿を世の角皿を捧げます）　5、ナカムラシ　パタムラシ　ウヤイス（中が盛り上がり端まで盛り上がるように捧げます）　6、ンマンマト　カバカバト　タボラレ（美味しく香ばしく頂きます）」

御嶽の全景

Ⅰ 八重山の御嶽巡り60撰【石垣島】

イビ

拝殿

拝殿の内部

豊年祭の巻踊り（写真提供：東内原聖子氏）

―――――【祭礼】

旧暦・正月初祈願、3月草葉願い、山止め・海止め、6月オースクマ願い、豊年祭、8月初願い、9月9日菊酒、10月たかび、種子取祭などの年中行事が行われる。

8月最初の水の日に、神司らによる初水の願いがある。豊年祭は、嶽人衆角皿アヨ、旗頭奉納をはじめ、巻き踊りやミルク行列、稲の一生行列などの伝統芸能が行われる。

―――――【植生】

樹種は、フクギ、テリハボク、ハスノハギリなどがある。台風の被害による木々の倒木が多い。

『沖縄県社寺・御嶽林調査報告』（沖縄県教育庁、1981年）の写真と比べると周囲の木々の縮小が認められる。

19 波照間御嶽

【方　音】アスクオン、パィフタワーン
【所在地】白保

――――――――――――――――――――――――【由来及び地域誌】

波照間島の阿底御嶽を分祀

　明和の大津波(1771年)で破壊された白保集落に、琉球王府の命令により波照間島から強制移住させられた人々が波照間島の冨嘉集落の阿底御嶽の神を分祀したと伝えられる。
　拝殿の中に「波照間嶽」の篇額(乾隆58年)が奉納されている。
「巻き踊りの歌」
「1、キュウガビーバ　ヒャホーイ(今日の日を)クガニヒーバ　サーユイヤサー(黄金の日を)　ムトウバショイヨー　ホーナー(基にして)　2、カンブバナ(以下同じ)神への穂花　ウイフバナ(上への穂花)ウヤイス(捧げます)　3、ナウリユヌ　ミギリユヌ　ミブギンヨー(稔る世実入る世のお蔭で)　4、シヌサラユ　ユスヌサラ　ウヤイス　ホーナー(角皿を世角皿を捧げます)　5、ナカムラシ　ハタムラシ　ウヤイス　ホーナー(中盛する程端盛する程して捧げます)」

御嶽の拝殿

イビ

豊年祭の集い（写真提供：新城珠里氏）

テリハボクの巨木

【祭礼】

旧暦・正月初祈願、3月草葉願い、山止め・海止め、6月オースクマ願い、豊年祭、8月初願い、9月9日菊酒、10月たかび、種子取祭などの年中行事が行われる。

8月最初の水の日に、神司等による初水の願いがある。

豊年祭に神酒を戴く「嶽人衆角皿アヨ」が行われる。また、旗頭奉納をはじめ、巻き踊りやミルク行列、稲の一生行列などの伝統芸能が行われる。

【植生】

ハスノハギリ、テリハボクの巨木が茂る。そのほかにモモタマナ、オオバギ、オオハマボウ、アカテツ、コバノハスノハカズラ、リュウキュウボタンヅルなどが生育する。

20 多原御嶽

【方　音】タバリオン、タバルオン
【所在地】白保

――――――――――――――――――――――――――――【由来及び地域誌】

波照間島から移住。御嶽は白保公民館指定重要文化財

『琉球国由来記』巻二十一「神名　神根付　御イベ名　大ヒルカメヒル　右六御嶽（仲嵩、山崎・外本・嘉手刈・真和謝・多原御嶽）、立始ル由来ハ、昔西カワラ・東カワラ兄弟ガイテ、兄ハ宮良・弟ハ白保ニ家ヲ構エテ諸人心々ニ所々ニ家ヲ作り……今迄崇メ来也。宮良・白保ケ村モ大瀬モ其時始タルト」

　白保は、豊年祭の時、各御嶽の拝殿の中で行う「内儀式」のアヨーと外儀式の巻踊りの「キュウガビ」「東トゥカラ（アリヌ）」等、様々な神歌が歌われる。昔、波照間島から移住させられた歴史があるが、皆が同じ歌を歌い一つになろうという思いがあるからと迎里和八氏はいう。

　豊年祭は、女性たちは、内側、ヤマニンジュの男性は、外側で巻き踊りをする。その際、巻き踊りの歌や「アーリヌドゥカラ」が謡われる。

　「アーリヌドウカラ　フヌオールンチョウナ　ナユシャルフニヤリオールネー　イカシャフニヤリオールネー　アワダーラドウ　マワショウールヨー　クミダーラドウ　シラフムラ　ウイナカヨー（東の海から船が来る　何処の船であるか　如何なる船であるか　粟俵を積んで来れる　米俵を積んで来れる　白保村の上に　真謝村の上に　ミルク世を賜り　果報の世を賜り）」と謡う。

御嶽の全景

I 八重山の御嶽巡り60撰【石垣島】

拝殿

イビ

ハスノハギリとテリハボクの巨木が茂る参道

誇りをもって建てた白保公民館指定重要文化財看板

【祭礼】

旧暦・正月初祈願、3月草葉願い、山止め・海止め、6月オースクマ願い、豊年祭、8月初願い、9月9日菊酒、10月たかび、種子取祭などの年中行事が行われる。

豊年祭には、「嶽人衆角皿アヨ」、「白保節」、「稲の一生」奉納行列、ニウシイ（粟ミキ）などが行われる。クロツグの葉を頭に巻き、女性は内側、男性は外側で巻き踊り、ガーリを行う。また、彌勒節を歌いながら進むミルク行列のほか、綱引きなどが行われる。

【植生】

境内は、最大樹種のハスノハギリ、テリハボクの巨木が茂る。また、フクギ、オオハマボウ、オキナワキョウチクトウなども生育している。

21 大阿母御嶽

【方　音】ホールザーウガン
【所在地】平得

【由来及び地域誌】

真乙姥を助けた多田屋於那理の墓

　『八重山島由来記』に大阿母御嶽の記述はない。多田屋於那理は、オヤケ・アカハチ事件の時に美崎山に籠り、断食祈願で瀕死の状態の真乙姥を助けた功により、1502年、琉球王府から八重山初代の最高神職「大阿母」を授けられた。集落内にある大阿母御嶽は、その多田屋那理の墓である。
　多田屋於那理は、大阿母になった後、上国のため首里を往来したが、ある年、帰路の途中暴風に遭遇して安南に漂着した。その地で米と粟の種子を譲り受けて、真栄里村の南海岸の多田大浜に上陸した。その際、米、粟の種子を置いた岩の下を、作物の神が宿った場所として拝むようになった。
　多田浜にある多田御嶽の周辺は、「採石禁止」にされている。御嶽の下の石が多いときは、世果報の年になると伝わる。

御嶽の全景

豊年祭の旗頭奉納

【祭礼】

旧暦・正月初祈願、3月草葉願い、山止め・海止め、6月オースクマ願い、豊年祭、8月初願い、9月9日菊酒、10月たかび、種子取祭などの年中行事が行われる。

豊年祭は、神酒奉納、婦人会の「平得世果報節」の踊り、イリク太鼓などの奉納芸能、またツナヌミン、大綱引きが盛大に行われる。

種子取祭は早朝、多田浜の多田御嶽で行う。神司による祈願のあと、太鼓でミルク節など数曲を合唱、舞踊を奉納の後、銅鑼を鳴らして集落の大阿母御嶽に参る。

多田浜御嶽における世願いは、大阿母御嶽前で「種子取節」奉納踊り、「潟原馬」がある。

平得世果報節（平得婦人会）

【植生】

拝殿の奥のイビの周辺は、フクギ、テリハボクが茂るほか、モモタマナがある。

種子取祭の潟原馬

多田御嶽の種子取祭り
（写真提供：新城愛結氏）

22 宇部御嶽

【方　音】ウブオン
【所在地】平得

――――――――――――――――――――――【由来及び地域誌】

村を守る７人兄弟の屋敷跡が御嶽

『琉球国由来記』巻二十一　「神名　中尾盛照月　御イベ名　月ノマンカワラ」

　昔、宇里家の７人の兄弟が力を合わせて村を守ったが、その屋敷跡に御嶽が建てられたと伝わる。兄弟が掘ったと伝わる「新本井戸」は1950年に功徳碑が建てられた。豊年祭は、ミシャグパシイが歌われる。
「一、宇部御嶽ヌ　カンムトヌウミシャグ　カンテュマシィ　ウイテュマシィ　オユワイ　（囃子）パーシヨイ（繰り返し）　（客）クヌミシャグタボラリダホウ　ノォヌユンイカヌユンアラヌ　ウブオンヌカンムトヌ　ミシャグ　タボラリダユーサリ　二、（給仕）ミユサイヌウミシャグ　パヤシバドゥユバナウレ……（歌詞の訳「宇部御嶽の神元の御神酒　神鳴響上が鳴響御祝　（囃子）此の御神酒を給ったのは　何故でも如何の事でもございません。宇部御嶽の　大神元の御神酒を頂きました　富貴のミュサイ（粟）の御神酒……）

御嶽の全景

イビ

クロヨナの巨木

拝殿

【祭礼】
旧暦・正月初祈願、3月草葉願い、山止め・海止め、6月オースクマ願い、豊年祭、8月初願い、9月9日菊酒、10月たかび、種子取祭などの年中行事が行われる。

【植生】
樹種は、クロヨナの巨木のほか、フクギ、クワノハエノキ、テリハボク、タブノキ、ヤエヤマヤシ、ヤンバルアカメガシワ、イヌマキ、リュウキュウガキ、ガジュマル、コミノクロツグなどがある。

拝殿の内部

23 地城御嶽

【方　音】ギシュクオン
【所在地】平得

――――――――――――――――――――――【由来及び地域誌】

於茂登岳・水元の神へ遥拝

『八重山島大阿母由来記』(1705年)には、沖縄本島辯の御嶽の御イベ三体の内の一体が八重山に移り、鎮まったと記されている。また、「地城に白鷲多く集まり「右御イベ有之候付則霊地……御使者御在番衆御下善被成候時初と御拝被成候事」と記されている。則ち首里弁ガ嶽の火の神三体のうち、一体が姿を消して探して見る託宣で、八重山の白鷲の群れの所ということで使者が訪ねると地城の霊地であったという。八重山の在藩等が赴任、転任は必ず参拝すると伝える。豊年祭は、「ミシャグパシイ」が歌われる。

於茂登岳の水元の神への遥拝所で、村民は遠い於茂登岳まで行かず、地城御嶽の神座からのお通しで遥拝したという。

首里弁ガ嶽の火の神との関わりや、『八重山歴史』にはイビが5カ所で、於茂登岳の遥拝、首里の首里弁ガ嶽、龍宮の神のほか、京都の七坂、中国の阜山という。

御嶽の全景

参道

拝殿内部

【祭礼】

旧暦・正月初祈願、3月草葉願い、山止め・海止め、6月世の首尾、豊年祭、8月初願い、9月9日菊酒、10月たかび、種子取祭などの年中行事が行われる。

【植生】

樹種は、タブノキ、オオバギ、ガジュマル、アカギ、ムクイヌビワ、ウラジロエノキ、フクギ、モクタチバナ、トウズルモドキ、コミノクロツグなどが生育する。

イビ

鳥居より拝殿を望む

24 赤イロ目宮鳥御嶽　★ 有形文化財

【方音】アーラオン
【所在地】川平

【由来及び地域誌】

宮鳥御嶽の分神

『琉球国由来記』巻二十一「神名　嶽名同　御イベ名　マカコ大アルジ」

　昔、馬補佐という村の役人を設け、村中を巡回して農作物を見守っていた。そして月1回、石垣村の神司を通じて宮鳥御嶽の神へ報告させた。一方、遠距離にあった川平には宮鳥の分神の赤イロ目宮鳥御嶽があるので、それをお通しで報告させた。
　豊作と村の繁栄をもたらす信仰に、2月から来訪して節祭まで滞在するニライの大親「ニロートゥフヤン神」と節祭の一夜だけ出現する「マユンガナシィ神」がある。

御嶽の全景

境内

イビ

豊年祭のビジュル石持ち上げ(写真提供：八重山毎日新聞社)

【祭礼】

川平では、三大祭祀（豊年祭、結願祭、節祭）を盛大に行う。

豊年祭には、境内で花崗岩のビッチュル石と呼ばれる俵形の石を担ぎ、境内を廻る。また、若者が旗頭を持ち上げ集落内を練り歩く。

オンマイル（御嶽参）は赤イロ目宮鳥御嶽に集合し、そこから群星御嶽、山川御嶽、赤イロ目宮鳥御嶽、浜崎御嶽の順に拝順する。

拝殿の中に「沐蔭」と書かれた扁額を飾っている。

【植生】

イビの中は、リュウキュウマツ、テリハボク、フクギ、ビロウなどが茂る。

拝殿の前は、テリハボクの優占樹種とフクギ、デイゴなどが茂る。

イビの周辺は、ビロウ、フクギ、最も奥には、リュウキュウマツの群落がある。

鳥居周辺には、デイゴ、テリハボク、アコウなどがある。

25 群星御嶽

【方　音】ンニブシィオン・ユブシィオン
【所在地】川平

【由来及び地域誌】

霊火が群星と地上を昇降

『琉球国由来記』巻二十一「神名　嶽名同　御イベ名　シロキ大アルジ」

　川平村の旧家・南風野家は、夜中に不思議な霊火が天空の群星と地上を昇降したのを見た。その場所を調べたところ白い印を見つけ、そこを神の降りた所として一宇を建てたとの伝承がある。

　『琉球国由来記』には稲ホシ御嶽とあるが、川平村では1916年（大正5年）に「群星嶽」と改めている。

　豊年祭の際、男性給仕と女性給仕、そして神司によるミシャグパシイ（神酒奉納）は「プーリィヌミシャグ」を歌う。「1、ケーラーマイヌ　ナウリカイヌ　ウユワイ（皆様の稔りの御祝）　2、シィヌグヌ　ミィイリヌ　ウユワイ（小石のように固く実りの御祝）　3、カンテユマリ　ヌシティユマレヌ　ウユワイ（神の鳴響かせ主の名声を高める御祝）　4、クランテイ　シラナミヌ　ウユワイ（倉に満載し稲叢に積んでの御祝）」

御嶽の全景

Ⅰ 八重山の御嶽巡り60撰【石垣島】

鳥居

境内(獅子森が遠くに望める)

【祭礼】

川平の三大祭りは、豊年祭、結願祭、節祭である。

旧暦・正月ヤアラ願い、2月崇び、ムノン(物忌み)、3月草葉願い、4月麦豆初上げ、5月海止め・山止め、9月9日芋初上げ祈願、10月崇び、種子取祭、12月石払いなどがある。

【植生】

イビ

入口の鳥居の周囲には、リュウキュウマツ数本がある。

境内には、フクギ、ハゼノキ、タブノキ、シマグワ、テリハボク、ヤンバルアカメガシワ、デイゴ、ビロウ、アカギ、ホソバムクイヌビワなどが茂る。

イビの入口にはオオタニワタリ、奥にはビロウが多い。

結願祭「ミルク加那志」到来

57

26 山川御嶽

【方　音】ヤマオン
【所在地】川平

【由来及び地域誌】

宮古島・山川集落の分神祀る

『琉球国由来記』巻二十一　「神名　御嶽同　御イベ名　ナアナ大アルジ　由来不相知」

昔、平田の主が筑登之になり、琉球王府に挨拶に出かけた。その時に暴風に遭遇し、宮古島の山川集落に漂着した。平田筑登之は山川集落の村人に助けられて無事に琉球王府に着いたことから、その後、山川の分神を祀るようになったと伝わる。香炉は、宮古島に向いているという。

豊年祭は、「チクイデヌ・パチイムヌユンタ」を歌う。「1、チクイデヌ・パチイムヌ　囃子(作物の御初物)……7、アワザギン　マラショウリ(粟酒を造り)　8、マイミシャグ　キイラショウリ(米御神酒を造り)……11、ユーヌナンンカ　ウユワイ(夜の七日御祝)　12、ピーヌムカ　ウユワイ(夜の七日御祝)」

御嶽の全景

イビ

デイゴの旗頭

【祭礼】

三大祭祀(豊年祭、結願祭、節祭)を盛大に行う。

旧暦・年中行事は、1月ヤアラ願い、2月崇び、3月草葉願い、4月麦豆初上げ、5月海止め・山止め、9月9日芋初上げ祈願、10月崇び、種子取祭、12月石払いなどがある。

【植生】

樹種は、フクギの巨木のほか、テリハボク、ハゼノキ、ガジュマル、アカテツ、タブノキ、ビロウなどがある。

鳥居周辺にはデイゴの巨木がある。イビの石垣の上にオオタニワタリが数本生育している。

豊年祭の旗頭(デイゴの花飾り)
(写真提供:糸数靜雄氏)

27 浜崎御嶽

【方　音】キフゥオン
【所在地】川平

【由来及び地域誌】

航海安全を祈願する拝所
『琉球国由来記』巻二十一「神名　嶽名同　御イベ名　ゲライ大アルジ　由来不相知」

　川平湾の海沿いに位置する。昔、前田多家の人情篤い娘が川平湾で風待ちする船人に同情して、一日も早く無事に目的地に着くように祈願を行った。このことが首里王府に伝わり、賞辞とともに香炉を賜ったので、一宇を建てて香炉を収め、拝所としたと伝えられている。

　川平湾内は波が静かであることから、古くから琉球王府へ貢納物を運ぶマーラン船が、風待ちをする待避地として使われた。また、御嶽は航海の安全を祈願する拝所となった。

　湾の西北岸は布晒浜と呼ばれ、王府貢納布の八重山上布を晒す場所であった。川平湾および於茂登岳は、1997年に史跡名勝天然記念物と指定されている。

御嶽の全景

Ⅰ 八重山の御嶽巡り60撰【石垣島】

御嶽の入り口

イビの前のテリハボク

境内のサキシマハマボウ、ハスノハギリ

波穏やかな川平湾

――――――――【祭礼】

　三大祭祀(豊年祭、結願祭、節祭)を盛大に行う。

　旧暦・年中行事は、2月崇び、3月草葉願い、4月麦豆初上げ、5月海止め・山止め、9月9日芋初上げ祈願、10月崇び、種子取祭、12月石払いなどがある。

――――――――【植生】

　最大樹種は、ハスノハギリ、サキシマハマボウで拝殿の横にはアカテツの巨木がある。そのほかテリハボク、オオハマボウなどが茂る。

　石垣を代表する観光地の川平湾は、1924年より黒真珠の養殖が続けられている。

28 底地御嶽

【方　音】スクジオン
【所在地】川平

【由来及び地域誌】

ニライ・カナイの神を奉送

『琉球国由来記』巻二十一「シコゼ御嶽　神名　嶽名同　御イベ名　友利大アルジ　由来不相知」

　昔、仲間村の時代、この御嶽から対岸に見えるオガン崎を目標に航海したという。ある時、大和の船人がオガン崎を目指して航海中に底地湾に漂着した。船人は近くの仲底家の人情篤い娘と恋中となり、生まれた子供がのちに保嘉真山戸という著名な人物になった。
　川平のニライ・カナイの神を奉送する旧暦９月節祭の神願いは、この御嶽が最後の願い所となる。

御嶽の入り口

境内

イビと香炉（シャコガイ）

―――――【祭礼】

三大祭祀（豊年祭、結願祭、節祭）を盛大に行う。

年中行事は、旧暦・1月ヤーラ願い、2月崇び、3月草葉願い、4月麦豆初上げ、5月海止め・山止め、9月9日芋初上げ祈願、10月崇び、種子取祭、12月石払いなどがある。

―――――【植生】

底地湾に広がる海岸林の一角に位置する。テリハボクの優占樹種のほかアダン、ハスノハギリ、モクマオウなどが茂る。

御嶽の森は海岸に直接面している

御嶽の前から眺める御神（オガン）崎

29 崎枝御嶽

【方　音】サキダオン
【所在地】崎枝

【由来及び地域誌】

航海安全を祈願する七嶽の一つ

『琉球国由来記』巻二十一「神名　名敷カイヲツマ　御イベ名　神タレ大アルジ」

　拝殿の中の右側はウブ(村)お通し、左側には於茂登お通しと沖縄お通しの香炉が置かれている。外には水元お通しがある。
　1914年に崎枝村は廃村となり御嶽も荒廃した。戦後、沖縄本島や宮古島などから自由移民が入植し、1948年に崎枝部落を作りあげ拝殿も再建した。1979年の崎枝入植30周年に建てられた記念石碑には①入植記念誌の編集②崎枝お嶽の改築③入植記念碑建立、と刻まれている。
　慶田城用舛・作詞作曲の『繁昌節』(1871年)には、「だんじゅ豊まりる崎枝ぬしきや(島や)　黄金岡くさで　田ぶく前なし　うやき繁昌　勝る繁昌　且つまた　弥増し」と記されている。

御嶽の全景

イビ

旧暦9月9日菊酒・芋祭の供え(写真提供:石垣千彩氏)

イビでの祈り

豊年祭のお供え(写真提供:石垣千彩氏)

崎枝入植30周年記念碑(1979年)

【祭礼】

旧暦・1月ヒヌカンウンケー(火ぬ神迎え)、5月1日竜宮祭、9月9日芋祭・菊酒、豊年祭、12月御願解きなどがある。。

豊年祭は、お供え9品目の盆ヌスー、お米、神酒などを供えて世ぬ首尾を行う。

【植生】

最大樹種のフクギ(幹周り1.35m)、コミノクロツグ、アコウ、テリハボク、ビロウ、アカギ、モクタチバナ、クワノハエノキ、ガジュマル、フクギ、ヤンバルアカメガシワ、ヤエヤマヤシなどがある。

30 於茂登岳・ナルンガラ

【所在地】登野城嵩田

【由来及び地域誌】

水の神様

ナルンガラは、名蔵ダムのすぐ横に位置する。祠の前に流れる渓谷の清らかな水は名蔵ダムに注ぐ。

於茂登岳には、八重山の島造りの伝承がある。「於茂登御主神」と刻んだ石碑（1983年建立）の前には香炉が置かれている。

名蔵ダムの一角には、2012年8月10日に建てられた「台湾農業者入植顕頌碑」がある。同碑は1930年代に台湾から石垣島に入植し、パイン産業や水牛の導入で八重山農業の発展に貢献した台湾の人々の苦労や功績を称えたものである。

名蔵ダムは、新川、石垣、名蔵、平得などの760haの農業用水の供給や洪水被害防止のために1989年から工事を開始し、1998年に完成した。下流には名蔵川が流れ、広大な名蔵アンパルのマングローブ林が広がる。ここの水で泡盛を作ると酒が腐らないといわれ、蔵元らは祈願を行い、この水を汲むという。

於茂登・ナルンガラの全景

於茂登御主神の祠

日本最大のドングリ
（オキナワウラジロガシ）

【祭礼】
　八重山各地から祈願に訪ねる人が多い。旧暦7月に「水祭り」がある。
　八重山の各離島では、於茂登岳を崇める習わしがある。

【植生】
　日本最大のドングリとして知られるオキナワウラジロガシやイチジク属のオオバイヌビワなどの高木が御嶽の周囲にある。
　そのほかイスノキ、ギランイヌビワ、ハゼノキ、タイワンウオサギなどが生育する。
　近年、道路が作られて、本来の山奥に自生する植生が道路沿いに生育することになり、風などの影響を受けやすくなっていると考えられる。

台湾農業者入植顕頌碑

名蔵ダム

31 於茂登清水

【所在地】於茂登岳登山道沿い

【由来及び地域誌】

於茂登岳の清水に感謝

於茂登の集落は、1957年に沖縄本島から18名が入植してつくられた。以来、マラリアなどと戦いながら家を建て、田畑を起こし、血の滲む開拓に挑んだ。数ヶ月後、家族を呼び寄せた12月23日が開拓記念日となっている。

毎年、開拓記念日には、公民館に集い、開拓・農業の初志を喚起している。1991年、於茂登岳の清水を生活・農業用水に活用して集落が繁栄ができたことを感謝し、「大御岳ぬ清水」と刻んだ石碑を於茂登岳登山道沿いに、「開拓之碑」を集落の入口に建立した。

「大御岳ぬ清水」と刻まれた石碑

７月の水祭り（写真提供：川奈誠氏）

「大御岳ぬ清水」と刻まれた石碑の裏

於茂登岳麓の集落開拓の石碑（写真提供：伊良皆美栄子氏）

―――――――――――――――――【祭礼】

　７月の第２週末に地域の人々が集い、水に感謝の念を伝える祀りがある。神酒、お米と地元で採れたパイナップル、バナナなどを捧げてささやかな祭りを行う。
　「大本節」は、於茂登を以下の様に謡っている。
　1　二抱き　三抱きぬ　石ん　押し除きてぃ　根ぬ石　持ち上ぎぃ　畑作ら
　2　松　樫ぃ　どぅすんぬ　根ゆ　しち転ばち　作い　むじゅくい　見事　世界報
　3　大本岳　くさてぃ水ぬ　豊かさや　数々ぬ　畑に雨ゆ　降らち
　4　野山　しちならち　畑作い　しまち　栄えてぃ　行く　大本　幾世までん
　5　美ら畑　作くてぃ　子孫に渡す　年寄たる　主や　笑い　ふくい
　6　山から吹く風　涼々とう　香ぐさ　おもと　真清水や　うすでぃ　愛さ
　7　流りゆく年や　早馬ぬ如に　今日ぬ　吉日萬人　共々　御祝さびら

32 徳底御嶽

【方　音】ムトゥムラオン
【所在地】平久保

---------【由来及び地域誌】

石垣島最北端・平久保集落の御嶽
『琉球国由来記』巻二十一「神名　嶽名同　御イベ名　テンツキテンガネ」

　平久保集落は、方言でペーブグと称される。戦中で人口が激減し、戦後、政府の移民計画により1956年に沖縄本島や宮古島などから150名あまりが入植し、パイナップルやサトウキビ、落花生などを栽培した。平久保は、天然記念物に指定された樹齢200年のヤエヤマシタンやサガリバナなど、豊かな自然環境で知られている。
　御嶽は山々に囲まれており、現在の拝殿は2007年に神司の米盛さん夫婦が建てた。

御嶽の全景

Ⅰ 八重山の御嶽巡り60撰【石垣島】

拝殿

イビの石

──────【祭礼】
　豊年祭は、お米、神酒、ブンヌス(パパイヤ、サフナー、ミズヒユなどの和え物)、カーサームチィなどが供えられる。
　婦人会の舞踊「鷲ぬ鳥節」の奉納と集落の人による「平久保ミルク節」が歌われる。
──────【植生】
　優占樹種のフクギのほか、コミノクロツグ、ヤンバルアカメガシワ、リュウキュウガキ、センダンなどがある。

イビ

豊年祭の供え物(写真提供:米盛みなこ氏)

33 玻座間御嶽

【方　音】ウーリャオン、ハザマオン、ムトゥヌヤマ、ウチヌオン
【所在地】竹富島西

【由来及び地域誌】

「粟の神」

『琉球国由来記』巻二十一「神名　豊見ヲレ山　御いべ名　ハタト大アルジ　屋久島ヨリ御渡　根原　カミトノ、ヲガミ初ル」

　昔、6人の酋長が協議した際、玻座間村の根原金殿は、自分は組の子が多いから耕地がほしいと申し出て美崎原付近を所有した。粟作に励み「粟の神」として祀られる。
　「豊年祭の歌」は「うやがんぬ　まむるすぬ　みぶけん（親神の　守護の　ご覧になる）うらんちぬ　しらなみぬ　おみしゃこ（倉に満ちた　白波の　お神酒）はたむらし　なかむらし　むやすい（大皿の端に盛り　なかに盛り　盛り）にうすいぬ　おみひゃこ　はやせーばどぅ　ゆーやのーるうやき　ゆーやのーしぬ（根覆い（粟）お神酒　世は稔る　富貴の世は稔る）……と歌う。

御嶽の全景

豊年祭の氏子及び有志らの参拝

イビの奥

豊年祭のお供え物

【祭礼】

旧暦・2月祭、4月大祭、西塘祭、豊年祭、結願祭、9月9日芋祭、9月大祭、種子取祭、節祭、10月祭、ナーキヨイ（根付き）などが行われる。

「種子取祭」の1日目は神司の祈願から始まる。

1年に5回（2月祭・4月祭・豊年祭・10月祭・11月ナーキヨイ）神司がイビを開くと司以外の女性達の入域「ウブ入り」が許される。

豊年祭や「ナーキヨイ（根付き祝い）」などは、お神酒、米のほか、「シュナイ」など、9つの盛り上げと餅米・粟・小豆で作る「ムチャネ」をお供えする。

【植生】

樹種にテリハボク、アコウ、フクギ、ガジュマル、リュウキュウガキ、ヤンバルアカメガシワ、タブノキ、クロヨナ、アカテツ、オオバギなどがある。

また、トゲカズラなどのツル植物が繁茂している。

34 仲筋御嶽

【方　音】サージオン、ナージオン・ムトゥヌヤマ
【所在地】竹富島西

――――――――――――――――――――――――――――【由来及び地域誌】

「麦の神」

『琉球国由来記』巻二十一「神名　宮鳥ヤ神山　御イベ名　イヘスシヤ　オキナワガナシヨリ御渡。　アラシハナカサナリ、オガミ初ル」

　昔、6人の酋長が協議した際、竹富島の中央を選んだ仲筋村の新志花重成は、麦作に努め、「麦の神」として祀られる。祭りでは様々な神歌が歌われる。
　豊年祭やナーキヨイでは女の人が歌う「ニンガイヌサカキ（願いの盃）」がある。
　「1、ナカシジヌウタキ　クマオリドゥマムル　シカサジュユゥニチィジリビー　ミフドシキヨルヨンナー　2、サジヤマヌミカミ　キドクアリタボリウガンビニンジュヤミフドシキヨ　ルヨンナー」
　豊年祭は、「ウフミショウ」を歌う。
　「1、ウヤガミヌマムルスヌミブケン　クランチヌシラナミヌウミシヤクナカムラシハタスラシムヤソイ　ビヤショウイヘヤハ　2、ミウスヌウミシャク　ハヤシバドユヤノル　ウヤキシャガムヤノル　ウヤキユナホゥシヌ　ハヤシバドゥユヤノル　ビャショヨイヘヤハ」
　「ナーキヨイ」では、次の歌詞で歌う。
　「1、ウヤガミヌマムルスヌミブケン　ニギウイヌムトゥウイヌウミシャクナカムラシハタスラシムヤスイ　ビヤショウイヘーヤハ　2、ニギウイヌウミシャク　ハヤシバドゥ　ユヤノール　ウヤキシャガー　ムヤノール　ウヤキユナホー　シヌハヤシバドユヤノル　ビャショウイヘーヤハ」

参道

Ⅰ八重山の御嶽巡り60撰【竹富島】

鳥居周辺

拝殿での神司の祈り

――――――【祭礼】
　旧暦・2月祭、4月大祭、西塘祭、豊年祭、結願祭、9月9日芋祭、9月大祭、種子取祭、節祭、10月祭、ナーキヨイ（根付き）などがある。

――――――【植生】
　フクギが優占樹種であり、鳥居の横にはテリハボクの巨木がある。
　そのほかにリュウキュウガキ、オオバイヌビワ、クロヨナ、ヤンバルアカメガシワなどがある。また、ハブカズラ、ヤブガラシなどが樹幹を覆う。
　参道の両脇は、珊瑚石で仕切られて自然のままの空間となっている。

イビ（ウブ）

神司のイビ（ウブ）入り

35 幸本御嶽

【方　音】コントゥオン、ムトゥヌヤマ
【所在地】竹富島仲筋

【由来及び地域誌】

「豆の神」

『琉球国由来記』巻二十一「幸本御嶽　神名　国ノ根ノ神山　御イベ名　モチャイ大アルジ　久米島ヨリ御渡。幸本フシカワラ、オガミ初ル」

　昔、6人の酋長が協議した際、小波本村の主は、良い土地を希望して、フージャヌクミの耕地を分けてもらい、豆の栽培に励んだので「豆の神」とされる。
　御嶽の中には、ニーランの国から穀物の種を竹富島に持ってきたと伝える「クックバー（小底場）」がある。
　毎年、旧暦の8月8日、ニーラン神石の前で、ニライカナイの神々を迎える「世迎い（ユーンカ）」儀式が行われた後、「トゥンチャー」の古謡を唄い、穀物の種子を八重山中に配ったとされる竹富島で最も神聖視されるクックバーに参る。

御嶽の全景（豊年祭の夜籠り祈願）

Ⅰ 八重山の御嶽巡り60撰【竹富島】

司全員の祈り

世迎い

【祭礼】

旧暦・2月祭り、4月大祭、西塘祭、豊年祭、結願祭、9月9日芋祭、9月大祭、種子取祭、節祭、10月祭、ナーキヨイ（根付き）のほか、8月8日にニーラン神石で、世迎いの後、幸本御嶽・クック場御嶽に参る。

【植生】

樹種は、タブノキ、フクギ、リュウキュウガキ、アカテツ、ヤンバルアカメガシワ、クロヨナ、オオハマボウ、コミノクロツグなど生い茂る。オオバギやデイゴ、ガジュマル、テリハボクなどもある。

拝殿はイビに繋がり、ウブの中は白いサンゴ石が敷かれ広場のような空間になっている。参道は常にきれいに整理されている。

参道

クックバーに行く道

77

36 久間原御嶽

【方　音】クマーラオン、ムトゥヌヤマ
【所在地】竹富島東

──────────────────────────────【由来及び地域誌】

山の神・植物の神

『琉球国由来記』巻二十一「神名　東久間真神山　御イベ名　友利大アルジ　ヲキナカネショリ御渡　久間原ハツヲガミル」

　昔、6人の酋長が協議した際、久間原ハツは、草原を多く持ち、植林に励みたいと願い出た。ヒシヤール、クムイ、シマフ、カイジなどの土地を分けてもらい、「山の神」として祀られた。
　神歌「願いの盃」
　「1、久間原御嶽ぬ御神　貴徳有りみそり　司(しかさ)きょうら氏子　御守り給うり　2、御花米う飾り　御五水御飾り　司(しかさ)きょうら手じりび　み幸どう　着きょうら　う守り給うり　3、節々にくみてぃ　竹富島ぬ上に　仲立ぬ　頂にゆきにしらに　ようんなー」
　豊年祭や「ナーキヨイ(根付き祝い)」等は、お神酒、米の他、「シュナイ」(タブナ(長命草)・マミナ(もやし)・マンジュナイ(パパイヤ)・カーナ(海藻を味噌で和えた物))等、九つの盛り上げと餅米・粟・小豆で作る「ムチャネ」をお供えする。

豊年祭(写真提供：大塚勝久氏)

Ⅰ 八重山の御嶽巡り60撰【竹富島】

イビ（ウブ）の道

参道

豊年祭（写真提供：大塚勝久氏）

木の伐採・山入りの儀式のお供え（写真提供：与那国光子氏）

【祭礼】

　旧暦・2月祭、4月大祭、西塘祭、豊年祭、結願祭、9月9日芋祭、9月大祭、種子取祭、節祭、10月祭、ナーキヨイ（根付き）などがある。

　山の神とされる久間原御嶽は、木の伐採の儀式、山入り儀式、柱立て願いがある。その際、海水を汲んで来て、周囲を清めて、砂を香炉にいれる。巻貝49個を並べて、盃の代わりの7つの貝殻にお酒を供えて、伐採に使う機材を横に置く。山と海を繋ぐ八重山の世界観が表れるといえよう。

【植生】

　樹種は、タブノキ、リュウキュウガキ、オオバギ、フクギ、コミノクロツグなどがある。樹幹にハブカズラなどのツル植物が出現する。

　参道の両脇は、サンゴ石で仕切られて自然のままの空間となっている。

37 花城御嶽

【方　音】ハナツクオン、ムトゥヌヤマ
【所在地】竹富島東

――――――――――――――――――――――――【由来及び地域誌】

「海の神」

『琉球国由来記』巻二十一「神名　豊見ハナサウ　御イベ名　イヘスシヤカワスシヤ　ヲキナワガナシヨリ御渡　タカネトノ　ヲガミ初ル」

　昔、6人の酋長が協議した際に、沖縄から渡来した他金殿は、土地ではなく海を所望して分けてもらい「海の神」として祀られた。また、島の北端に「花城井戸」を掘り、新里村を開いたと伝わる。
　花城御嶽は、豊年祭とナーキヨイの神歌には、「ニンガイヌサカキ（願いの盃）」がある。
　「1、花シクーヌー　神ガナーシー　ウマモリーヨー　タボーリ（繰り返し・省略）　神ガナーシ　マイヨーンナ　ウマモリーヨー　タボーリ（繰り返し・省略）
　2、ウムタクートウカナシヨーテー　ニゴタ　クトウーカナシヨーテー　ニゴタ　クトウーシーナーテー　チカサーカーラ　ウガンージューウマモリ　タボーリーヨーンナ（*繰り返し）

御嶽の全景

イビ

リュウキュウチシャノキ
（写真提供：阿佐伊拓氏）

拝殿

豊年祭（写真提供：大塚勝久氏）

――――――――【祭礼】

旧暦・2月祭、4月大祭、西塘祭、豊年祭、結願祭、9月9日芋祭、9月大祭、種子取祭、節祭、10月祭、ナーキヨイ（根付き）などがある。節祭の花城井戸で神司の祈願が行われる。

――――――――【植生】

優占樹種のフクギのほか、リュウキュウガキ、リュウキュウチシャノキ、ヤンバルアカメガシワ、テリハボク、コミノクロツグなどが生育する。

イビは、サンゴ石で仕切られ、参道の両脇もサンゴ石の仕切りがあり、自然のままの空間となっている。

38 波利若御嶽

【方　音】バイヤーオン、バイヤオン、ムトウヌヤマ
【所在地】竹富島東

【由来及び地域誌】

「雨の神」

『琉球国由来記』巻二十一「神名　新カシノ新山　御イベ名　袖タレ大アルジ　徳島ヨリ御渡　塩川トノ、オガミ初ル」

　昔、6人の酋長が協議した際に塩川殿は、新里村の一角をもらい、寅の方角の海を所有した。年齢が一番若かったので、先輩達が作る作物のため「雨の神」となった。
　豊年祭等の祭礼の時、氏子たちは、「波利若御嶽」を歌う。「一、波利若ぬ御神　貴徳雨たぼり　司氏子中　みふどぅしきよーる　ヨンナ（繰り返し）　二、思た事　叶てい　願た事すなてい　今日ぬ　吉かる日に　はじり上ぎらよんな（繰り返し）……」

結願祭（写真提供：大塚勝久）

ウブ入り儀式(ナーキヨイ)

参道

ウブ入りの神司と女性達

【祭礼】

旧暦・2月祭、4月大祭、西塘祭、豊年祭、結願祭、9月9日芋祭、9月大祭、種子取祭、節祭、10月祭、ナーキヨイ(根付き)などがある。

1年に5回(2月祭・4月祭・豊年祭・10月祭・11月ナーキヨイ)神司がウブを開くと司以外の女性達の入域「ウブ入り」が許される。

【植生】

参道入り口のタブの巨木のほか、フクギ、ツゲモチ、リュウキュウガキ、テリハボクなどがある。

拝殿の奥からイビに繋がり、道のように入れる構造になっている。

参道の両脇は、サンゴ石で仕切られて自然のままの空間となっている。

39 国仲御嶽

【方　音】フイナーオン
【所在地】竹富島東

【由来及び地域誌】

首里・園比屋武御嶽の分神

『琉球国由来記』巻二十一「国仲根所　神名ナシ　御イベナシ。ソノヒヤブノ御神勧請也。……竹富ノ大首里大屋子役頂戴仕リ帰島ス。……御神ヲ勧請……諸役人相集……立願」

　首里の園比屋武御嶽の石門を完成させた西塘が園比屋御嶽の分神を竹富島に祀ったとされる。
　村の御嶽（国仲御嶽・清明御嶽・西塘御嶽）の一つ。氏子の祭祀組織は存在せず、年中行事は、公民館役員と神司全員が参る形となっている。ウブ入りの祈願は神司全員の祈りとなる。
　神司の願い口には、「国仲御嶽　……三、園比屋武　金比屋武　降りみそーる　大やん主やん　四、沖縄加那志　渡りおーたる……」等と唱えられる。

拝殿

参道

フクギの葉でウブ入り儀式

ゲッキツの花

拝殿での儀式

4月大祭のイビ（ウブ）の神司の祈り

【祭礼】
旧暦・4月大祭・9月大祭、西塘祭、豊年祭などの祈願が行われる。

【植生】
樹種は、テリハボク、モモタマナ、フクギ、クロヨナ、アカテツ、ゲッキツ、ヤンバルアカメガシワなどがある。

拝殿の奥からイビに繋がる構造で、香炉の奥は、白いサンゴ石が敷かれた小さな広場のような空間になっている。

40 清明御嶽

【方　音】シマヌムトゥウガン、マイヌオン
【所在地】竹富島東

――――――――――――――――――――――――――【由来及び地域誌】

八重山の島創りの伝説・雨乞いを行った御嶽

　竹富島を創った神（清明加那志）と石垣島の於茂登嶽の神を祀る。
　昔、清明の神は竹富島の東礼拝所（清明御嶽の東方の岩）を造り、オモト・ホーラス神は於茂登岳を築いた。両神は協力して石垣島をはじめ、次々と八つの島を造ったので、八重山と呼ばれるようになったと伝えている。
　村の御嶽（国仲御嶽・清明御嶽・西塘御嶽・世持御嶽）の一つ。氏子の祭祀組織は存在せず、年中行事は、公民館役員と神司全員が参加する形となっている。イビ（ウブ）入りの祈願の時、神司全員による祈りとなる。
　かつて、旱魃が続くとここで雨乞いをした。
　「清明御嶽願い口」に「四、東礼拝所　降りみそーる……七、島ぬあら（初め）国ぬあら　新仕立おーたる……八、大本テラス　マソーバ　降リミソール……」、「大本神願い口」には、「一、大本照らす　元の島　六山　八山　九人ぬ　御嶽　二、大本ほーらす　まそーばぬ　神ぬ前」等と唱えられる。

2010年頃の清明御嶽

Ⅰ 八重山の御嶽巡り60撰【竹富島】

ウブ入り儀式

竹富島造りの伝説の東礼拝所

【祭礼】

旧暦・2月祭、4月大祭、9月大祭、西塘祭、豊年祭、結願祭の夜籠り祈願がある。

8月「結願祭」には、厳かな「始番」や芋掘りの所作「芋掘り狂言」などの伝統芸能が奉納される。

ほかにニンニクをお供えする「ビルズマ願い」がある。

【植生】

優占樹種のフクギのほか、リュウキュウコクタン（2本の巨木）、クロヨナ、アカテツ、テリハボク、モモタマナ、ゲッキツ、ヤンバルアカメガシワなどがある。近年、入り口の木々が倒れた。

イビ（ウブ）での神司たちの祈願

拝殿でのナーキヨイの祈願

41 世持御嶽　　★ 国指定重要無形民俗文化財（種子取祭）

【方　音】ユームチオン、ユムツオン、ハンタヌマイ
【所在地】竹富島西

【由来及び地域誌】

火の神と世持神（農耕の神）を祀る

　世持御嶽は琉球王府時代の村番所（オーセー）跡で、1914年に村役場があった。その場に村守護の火の神を祀っていたが清明御嶽へ移された。その後、そのオーセー跡地に世持御嶽を再建し1930年に火の神を移転し現在に至る。
　竹富島最大の秋の種子取祭りは重要無形民俗文化財で、奉納芸能は70演目にも及ぶ。島全体が湧き立つ祭りとして約10日間に渡って行われる。
　デイゴの木が十数本あり、竹富島のデイゴは春に島を離れていく卒業生を温かく送る卒業式の花といわれる。

御嶽の全景（デイゴが植えられている）

Ⅰ 八重山の御嶽巡り60撰【竹富島】

種子取祭（写真提供：八重山毎日新聞社）

種子取祭（写真提供：大塚勝久氏）

咲き誇るデイゴの花

種子取祭の祈願

――――――【祭礼】
　竹富島最大の種子取祭は重要無形民俗文化財で、奉納される種子蒔狂言は、玻座間村と仲筋村双方で奉納される。
――――――【植生】
　拝殿のガジュマルのほか、デイゴが十数本植えられている。デイゴヒメコバチの被害で、数年も花が咲かず、枯れるデイゴが多かった。2010年1月、デイゴを救おうと「竹富島のデイゴの木を救え！」が立ち上がり、全国に募金が呼びかけられた。
　救済処置の結果、デイゴの木に緑の葉が戻り、再び真っ赤な花が咲くようになった。

42 美崎御嶽

【方　音】ミシャシオン、ミシャギオン
【所在地】竹富島ミシャシ海岸

【由来及び地域誌】

航海安全を祈願する御嶽
　竹富島北のアイヌソイ（東のそい）という岩が見える美崎（ミシャシ）海岸沿いに位置する。船を新しく造るとお参りしてその岩の周囲を3回回るという航海安全を祈願する御嶽である。
　昔、阿主という御用船の船頭が暴風で安南（ベトナム）まで流れた。髪を切って美崎御嶽の方向に向かって祈願すると、無事に竹富島に帰還できた。その際に掘ったのが「浜井戸」と伝えられている。阿主の子孫とされる新田系は、毎年旧暦2月12日、8月12日水恩の祈願を欠かさないという。
　神司の神口には、「……四、にーらすく　かねーらすく　降りみそーる　大やん主やん　五、七むとぅ　七龍宮　降りみそーる　大やん主やん……」と唱えられる。
　海沿いで真水が出る「浜井戸」は、かつて干ばつが続くと集落の女性たちは、この井戸まで洗濯物を持ってきて洗ったという。
　竹富島では、海を通って於茂登岳の水が竹富島に流れると伝わり「大本から引水ジラバ」という古謡に次のように歌われる。
　「一、大本カラ引水　ヨーンイナブレ（囃子）（於茂登岳から流れてくる水）　二、昼七日引水　夜七日引水（昼七日中流れる水　夜七日波立ってくる水）　三、引ギシャル水サミ　タチギシャルタチ水（絶えなく流れる水　断水のない川水よ）」

参道

Ⅰ 八重山の御嶽巡り60撰【竹富島】

イビ

浜井戸

【祭礼】
旧暦2月12日、8月12日、節祭などの時、祈願がある。

【植生】
樹種にテリハボク、タブ、ハスノハギリ、コミノクロツグなどがある。
サンゴ石で囲んだ参道の中は、踏圧はなく自然な状態を保っている。しかし、海岸がすぐ側にあるために、海水を浴びた枯れ葉や、倒れた木々や枝が目立つ。

拝殿

沖合に見えるアイヌソイ

43 嘉保根御嶽

★ 国指定重要無形民俗文化財（結願祭）

【方　音】カブニワン・アーリヤマ
【所在地】小浜島

【由来及び地域誌】

島人が一同に座する結願祭

　嘉保根御嶽は、大岳（うふだき：高さ99.4m）の前、小浜島の中心的位置に鎮座する。大岳は、「小浜節」で「小浜てる島や　果報ぬ島やりば　大岳ば　くさてぃ（腰当）白浜前なしヤゥンナ　大嵩に　登てぃ　押しとぅみゆ　見りば　稲粟ぬなをり　弥勒世果報ヤゥンナ」と歌われる島の命を支える水源地である。

　嘉保根御嶽は、東表御嶽（アールムティワン）を遷座して通し拝みとして祀られて、「東山」という呼び名もある。豊年祭は、東表御嶽から拝み始めるという。拝殿の中に「洽慈光」、「普済」の扁額が揚げられている。

　昔は、首里王府への旅に出る度、航海安全が祈願された。境内にカンドウラ石（雷石・力石）があり、干ばつの時、この石を大岳の頂上まで担いで転がすと雨が降ると伝わる。

　五穀豊穣を願う小浜島最大の祭り「結願祭」は、獅子舞など様々な奉納芸能が演じられる。

御嶽の全景

フクギなどの巨木が茂る境内

結願祭での神司の祈り（写真提供：花城正美氏）

結願祭（写真提供：八重山毎日新聞社）

拝殿の内部

―――――【祭礼】

旧暦・正月初祈願、2月崇（ニンガツタカビー）、3月草葉願い、5月大願い（ウーニンガイ）、6月豊年祭、8月初願い、種子取祭、10月崇び、12月苗の願いなどがある。

結願祭は北集落のミルクと南集落の福禄寿が集落を練り歩き、嘉保根御嶽に参る。太鼓や獅子の奉納や「赤田主」「マミトーマ」「小浜節」、南集落の「赤馬節」「夜雨節」「前ヌ浜」などが踊られる。

―――――【植生】

イビの奥にはビロウの前に香炉が置かれ、タブの巨木が生育している。

優占樹種はフクギ。拝殿の右前にはシマグワの巨木、フクギの巨木6本などが並ぶ。左側に約10年前に木陰を得るために植えたガジュマルが茂る。鳥居の横にテリハボクの巨木が2本、前にはフクギの群生地が広がる。

44 仲山御嶽・佐久伊御嶽

【方　音】ナカヤマワン、サクヒワン
【所在地】小浜島

————————————————————————【由来及び地域誌】

水の神として信仰

『琉球国由来記』巻二十一「仲山御嶽　神名同上、御イベ名　モモキヤネ　サクヒ御嶽　神名　サクヒ神花　御イベ名　マカコ大アルジ」

　仲山御嶽は、水元の御嶽として水の神として信仰される。大岳から流れる清々しい水が御嶽の入口の谷間に流れ込み、ヤマンダバル(山田原)の水源となっている。オオタケヌカン(大岳の神)という男神として伝承されている。
　佐久伊御嶽は、『八重山島由来記』(1705年編)に記載されている。また『小浜島誌』によると1751年、嘉弥真島の嘉弥真御嶽が、佐久伊御嶽として祀られたとされる。4年に一度の神年に神司と手摺部(氏子)が、嘉弥真島に渡り、祭祀を行う。帰りに同島の浜から持って来る「かいま願い石」がイビの前に供えられる。拝殿の中には「応祷」「洽慈光」の扁額が揚げられている。

仲山御嶽・佐久伊御嶽の参道

イビ（かいま願い石が供えられている）

イビの神司の祈願

ヤエヤマクマガイソウ

拝殿の内部

【祭礼】

旧暦・正月初願い、2月祟（ニンガツカビー）、3月草葉願い、5月大願い（ウーニンガイ）、6月豊年祭、結願祭、8月初願い、種子取祭、10月祟び、12月苗の願いなどの祭礼が行われる。

【植生】

イビの奥には、フクギ、タブノキが茂る。

拝殿の周囲には、フクギ、イヌマキ、モモタマナ、リュウキュウコクタン、アカテツ、リュウキュウガキ、ヤエヤマヤシの木2本などが生育する。

鳥居入口周辺にヤエヤマクマガイソウがある。

大岳から流れる清らかな水は御嶽の入口の谷間に流れ込む

45 照後御嶽・川田御嶽

【方　音】ティダクシワン、ユンドレスクワン、カータワン
【所在地】小浜島

――――――――――――――――――――――――――【由来及び地域誌】

小浜島の神の発祥地・神の火（神聖顕現）

『八重山島由来記』「てたくし御嶽　神名　てたくし神花、御いべ名　いせるよふんはゆ」

　昔、離島の神司たちは、石垣の大阿母（ホールザ）参りをした。その際、小浜島の神の発祥地とされるユンドゥレースクという船泊りの場所であったが、ある日、神の火が現れ、さらに航海安全を祈願して無事目的が達成したことが琉球王府に伝えられ、その後、集落の近くに遷座して照後御嶽として祀られるようになった。
　川田御嶽も不思議な火が顕われた所を御嶽を建てて信仰すると豊作になったという。その後、照後御嶽・川田御嶽を集落近く遷座して今のように同じ場所に祀っているとされる。
　明和の大津波（1771年）で甚大な被害があった石垣島の宮良へ、ここから多くの人々が強制移住させられた。その人々が創建した石垣市宮良の小浜御嶽は、この御嶽の神様の分神を勧請して祀っている。

照後御嶽・川田御嶽の全景

照後御嶽・川田御嶽の２つの香炉

拝殿の内部

モクタチバナ

――――――【祭礼】

正月初祈願、２月崇び、３月草葉願い、５月大願い、豊年祭、８月初願い、結願祭、種子取祭、10月崇び、12月苗の願いなど様々な年中行事が行われる。

――――――【植生】

優占樹種のフクギのほか、拝殿の左側にシークァーサーの巨木、タブの巨木、リュウキュウコクタン、コミノクロツグ、ヤエヤマクマガイソウなどがある。

その他に、世願いの時に神司が道を歩きながら集落の邪気を追い払う時に用いるモクタチバナ（方言：アキツァン）がある。

イビ

参道とフクギ並木

46 ナカンド御嶽

【方　音】ナカンドゥワン
【所在地】小浜島

【由来及び地域誌】

琉球尚灝王の妻・南川田於那利の墓

　ナカンド御嶽は、南川田於那利の墓がそのまま御嶽となっている。於那利は、琉球尚灝王の妻として娶られた後に帰島して、琉球王府からウナリ・官名ツカサパァとして任命された。
　於那利の生活のため、琉球王国第17代尚灝王(1787年〜1834年)の頃(1824年：道光4年)、幅約12m、長さ約1200mの島本海垣(スマンダガキィー)が造られた。
　『小浜島誌』に南川田於那利儀板証古文書に「島本海垣の儀"ツカサパア"野菜取達用として御印紙を以て三度にて築立置……」と記されている。

御嶽の全景

【祭礼】

旧暦・正月初祈願、2月崇び、3月草葉願い（田植えの後の祈願）、5月大願い、首尾願い・豊年祭、結願祭、9月9日芋祭、節祭、種子取祭などが行われる。

【植生】

フクギ、ビロウ、テリハボク、コミノクロツグなどが茂る。

世界最大の島本海垣（石垣の定置網）は、今もシャコガイや様々な海の幸が捕れるので、地域で活用しているという。しかし、台風等で崩れた石垣の修復が課題だという。

南川田於那利の墓

境内

世界最大の島本海垣

47 北神山御嶽

【方　音】ニシィカメマワン
【所在地】黒島東筋

【由来及び地域誌】

航海に優れた兄妹伝承

『琉球国由来記』巻二十一「西神山御嶽　神名　真盛御嶽　御イベ名　玉知　イラビ」

　昔、公用船の船員で八重山と沖縄本島を37回も航海して無事帰還した「船道樽」という兄妹の伝承がある。航海に優れた兄はカラマ樽とも呼ばれる。妹が兄の航海安全を祈願したのが北神山御嶽の由来である。
　「黒島口説」には、「……六月　今どぅ走来る　穂利ぬ遊ぶや　老てぃ若ん袖や引き連り　腰や押りてぃ　磯ぬ浜下り　錦交ぬ　花ぬ雲山　匂ふくふくさんさん　いや　吾々さばくい　船ぬ大将　かじ取りばやし　早く　招く扇や　舟子勇てぃへいへい　漕舟見りばさてさて面白むんさみ　今ぬ囃子に口説詠々……」と歌う。

御嶽の全景

参道

豊年祭のハーリー
（写真提供：八重山毎日新聞社）

イビの道

豊年祭の踊り（写真提供：八重山毎日新聞社）

【祭礼】
初祈願、清明祭、豊年祭、結願祭、旧暦9月9日芋祭などが行われる。

かつては、穀物を作っていたので種子取祭があったという。

海の彼方の神に収穫の感謝を奉納する豊年祭は、宮里の海岸でミルク行列のほか、ハーリー（爬龍船船漕ぎ）が行われる。ウーニー（走り手）が浜を走り、長老の元に先に着いた方が勝利する儀式がある。

ハーリーは、現在では石垣市在住の郷友会の数十人の人々が黒島に渡り行う。その他、浜で様々な芸能が行われる。

【植生】
優占樹種のテリハボクのほかセンダン、ツゲモドキ、リュウキュウコクタン、リュウキュウガキ、フクギがある。

48 南風保多御嶽

【方　音】パイフタワン
【所在地】黒島仲本

――――――――――――――――――――――――【由来及び地域誌】

神が使った伝承の「降り井戸」

『琉球国由来記』巻二十一「ハイフタ御嶽　神名　阿宇慶山　御イベ名　ヱラビヲタイ大神」

　南風保多御嶽は黒島の最南端に位置する。昔、於茂登嶽の神様が「南風保多」に向かう途中、伊古の浜で休憩した場所と伝わる。ここには神様が手足を洗ったという伝承の「降り井戸」がある。
　東盛家の美人が明和の大津波（1771年）で流されたが、御嶽の木に掛かって命が助かったことから、神司になったとの言い伝えが残っている。
　めでたい時には、造船の歌「ぱいふた　ふんたか　ゆんぐどう」を歌う。
「ぱいふた　すりてぃ（南風保村に　目覚めて）……かしぃだなば（樫棚：樫木船材）きじまーんな（削り）ふなだなば（船材をば）　ぴきぃまーんな（ひき曲げて）三たな船（三反船）を　生らし（造船し）……」

御嶽の正面

I 八重山の御嶽巡り60撰【黒島】

参道

イビの入口

拝殿の奥にイビがある

オオナキオカヤドカリが生息する海岸

【祭礼】

旧暦・正月初祈願、清明祭、豊年祭、結願祭、9月9日芋祭などが行われる。

現在、神司はいないが、氏子達による神願いの祈りが捧げられている。

【植生（中西悠氏）】

優占樹種はハスノハギリとテリハボクである。その他にアダン、ガジュマル、クロツグ、ビロウ、フクギ、ヤエヤマアオキが出現する。草本はハブカズラ、ハマユウ、ムラサキオモトが生育する。ビロウは入り口とイビのそばに植樹されている。

すぐ近くに海岸が広がり、オオナキオカヤドカリが数多く生息している。

49 前泊御嶽　★ 国指定重要無形文化財（節祭）

【方　音】マイドゥリウガン、ククウガン
【所在地】西表島祖納

———————————————————————————【由来及び地域誌】

五穀豊作を祈る

『琉球国由来記』巻二十一「前泊御嶽　神名　嶽名同　御イベ名　イヘシヤ小アシシヤ　慶田城村　由来不相知」

前泊御嶽は、「一名穀ウガンとも呼ばれ、五穀の豊作を祈るお宮」と言われている。慶田城御嶽とも深い関係があると伝えられている。

———————————————————————————————【祭礼】

旧暦８月（己）の吉日は節祭で、神に扮するミリク行列とアンガーなどの様々な芸能奉納と２隻の「舟浮かべの儀式」があり、五穀豊穣を祈る。
　初祈願、世願い、山止め・海止め、シコマ祝い（稲の初穂刈りを御嶽に供える）、豊年祭、種子取祭などの年中行事がある。
　初穂苅の後から豊年祭までのみ歌う「仲良田節」がある。豊年祭（旧暦６月）は、稲を持って「仲良田節」に合わせて踊る。その他、盛大な綱引き等が行われる。

前泊御嶽の全景

Ⅰ 八重山の御嶽巡り60撰【西表島】

イビ

イビの奥

1925年頃の祖納の御嶽
（出典：『沖縄写真帖』、資料提供：国立国会図書館）

拝殿の内部

節祭の船漕ぎ

【植生】
　周囲は、ビロウの群落、ハスノハギリ、フクギ、テリハボク、アダンなどが生育する。かつては、ビロウの茎で鳥居を作っていたという。
　祖納集落の西方海岸沿いの前泊浜の前方にはマルマ盆山が見える。

50 離御嶽

【方　音】ウーニオン、シタツオン
【所在地】西表島祖納

――――――――――――――――――――――――――【由来及び地域誌】

島人の健康祈願、「港口を守るウガン」

『琉球国由来記』巻二十一「神名　嶽名同　御イベ名　ワタリ神通ヒ神」

　『西表島の伝説』では、「悪疫(パナシキ)払いのウガンと呼ばれ、伝染病を防ぐ神様と伝わる。島人の健康を祈願するとされる。また、「港の口を守るウガンであり、かつて与那国島へ出入りする際はここで祈願した」と伝わる。
　昔は、船浮港と仲良川口の白浜にあったが、集落近くに移したという。また、小学校の敷地の中にあったが、学校の建設の為に、隅地に移したという。
　田植えの前に、稲の無事成長を願う「世願い」では、「田植えジラ」を歌う。
　「1、ヒヤ　きゆぬぴーば　しらびよりよ(今日の吉日を調べなさり)　イラヨハリユバナウレ(囃子)　2、ヒヤ　くがにぴーば　むとぅばしよ(黄金のよき日を基にして)　イラヨハリユバナウレ(囃子)　3、ヒヤ　うよんだば　いびきゃるよ(祝い田に植えた)　イラヨハリユバナウレ(囃子)」

拝殿

I 八重山の御嶽巡り 60 撰【西表島】

イビの奥

イビ

ヤギが見廻る西表小中学校校庭

――――――【祭礼】
　3月世願い、シコマ祝い（初穂刈り）、豊年祭、節祭、種子取祭などがある。
　その他、ちじり人（宮良氏）は、毎月旧暦1日、15日には、御嶽参りがあるという。
――――――【植生】
　タブノキ、センダン、テリハボク、フクギ、コミノクロツグなどがある。

御嶽は木々が並ぶ西表小中学校校庭の一角に位置する

51 干立御嶽　　★ 国指定重要無形民俗文化財（節祭）

【方　音】フタディウガン、フダティウガン
【所在地】西表島干立

【由来及び地域誌】

航海安全祈願・雨の願い

『琉球国由来記』巻二十一「干立御嶽　神名　嶽名同　御イベ名　トリツキトヒカイ」

　昔、干立村にウニファーという航海の達人がいて、琉球王府貢納のマーラン船の船頭主を務めていた。船頭主は船出の都度、ムトゥ御嶽（上ぬ御嶽）に祈願した。この干立御嶽は、ムトゥ御嶽への遥拝御嶽として建てられたと伝えられている。拝殿の中には「光永　道光七年丁亥十月」（1827年）と刻まれた船の絵馬が飾られている。イビの奥にはムトゥ御嶽に通す香炉がある。境内には、「雨御嶽」を遥拝する香炉のイビが設けられている。
　「シコマ」初穂刈りでは、収穫間近の稲穂を朝早く刈り、ユーの御嶽に納める。初穂苅の後から豊年祭までのみ歌う「仲良田節」がある。綱引きでは神司が東西に分かれ、先頭になってひき始める。村人は全員頭に義しな（縄）を巻いてひく。
　「一、仲良田ぬ米やヨー　パナリ頂粟んヨー　二、粒調びみりばヨー　ミリク世果報ヨー　三、泡盛ん生らしヨー　御神酒ん造てぃヨー　四、わした乙女ぬヨー　造てぃある御酒ヨー　五、うじゃんなし主ぬ前ヨー　御側ゆてぃ拝まヨー……」
　国指定重要無形民俗文化財の節祭は、この御嶽の前の浜で行われる。

拝殿の前に建てられた節祭の重要文化財の碑

イビ

節祭のヤフヌティ（櫂手）

モイダ浜の北側に位置する雨御嶽

拝殿の内部・琉球王府貢納のマーラン船（1827年）の絵馬がある

節祭の船漕ぎ

【祭礼】

　種子取祭、3月世願い、シコマ祝い（稲の初穂刈りを祝う）、豊年祭、節祭、西洋人の姿を表し、滑稽な仕草をする「オホホ」や獅子舞等が行われる。

　節祭では様々な芸能が披露されるほか、「ミリク世」の舟漕ぎなどの神事が行われる。

【植生】

　イビの周囲は、テリハボクやフクギなどがある。20数年前は、もっと鬱蒼としていたという。防風林の役割もあり、植林など持続的保全が必要とされる。

　北側海岸には雨御嶽がある。

52 ムトゥ御嶽

【方　音】ムトゥウガン、ウィヌウガン
【所在地】西表島干立

――――――――――――――――――――――――――――【由来及び地域誌】

航海安全の神

　金座山に位置するムトゥ御嶽(上ぬ御嶽)。すぐ近くに水源地「上ぬ井戸」がある。この御嶽に参拝の際「イミシク、タキバルハラ血ル引キオリ、ムトゥヌ座二、ビリオリ、ウガマリトリオル、ウイチ金森ヌ、神様ノ前」と唱えてから拝む。
　昔、ウニファという船頭が琉球王府貢船の航海安全を祈願したことが始まりと伝わる。干立御嶽は、元々この御嶽への通し願いのために、建てられたと伝えられている。
　「干立口説」では以下の様に詠われている。
　「一、さていむ豊かな干立や　金座大嶽　腰当ていてい　誠豊かな果報ぬ島　二、島ぬ始みや伊美底　嶽原真中に　恵みあり膳配　茶ネー上ぬ井戸ぬ　神ぬ恵みぬ　玉ぬ水　三、モイダ長浜　はがむりば　波に浮かぶや　夫婦石　島とぅ伴でぃ　トィバイラーマや」
　ムトゥ御嶽の登口右側に祭事用の水を汲む「チャーネーカー(茶煮井戸)」と左側に「ジンバイカー(膳配井戸)」がある。

現在の香炉と、右側には代々の香炉がある

I 八重山の御嶽巡り60撰【西表島】

節祭の祈願

鳥居の前を通る節祭の行列

節祭に上ぬ井戸に参拝

金座岳

――――【祭礼】

　種子取祭、3月世願い、シコマ祝い(稲の初穂刈りを祝う)、豊年祭、節祭の全ての神事は、この御嶽の祈願から始まる。その際、香炉の前に神酒、米、クバン(塩、ニンニク、魚)、こんぶ、かまぼこ、豆腐等の九品のシジリブタ(硯蓋)等を供える。

――――【植生】

　天然記念物のヤエヤマヤシの自生地である。そのほかの樹種にフカノキ、ショウベンノキ、フトモモ、コミノクロツグ、リュウキュウガキ、アオバノキなどがある。

　イビの香炉の右側にあるヤエヤマヤシの根本には、代々の神司が使用した香炉が置かれている。

　神司一代毎に香炉が作られているという。

111

53 船浮御嶽

【方　音】フネウガン
【所在地】西表島船浮

―――――――――――――――――――――――――【由来及び地域誌】

風光明媚の山々（石の屏風）

『琉球国由来記』巻二十一「船浮御嶽　神名　嶽名同　御イベ名　泊白玉マヘヒキ」
『八重山島由来記』「船浮御嶽　神名　同上　御いべ名　泊白玉まへひき　由来不相知」

　船浮港は、1904（明治37）年の琉球新報では「北の三面にある山岳に囲まれた形は長崎港に似て、四季共に安全の良港」と記されている。
　船浮集落から白浜港へ連なる風光明媚の山々を石の屏風という。「石ぬ屏風節」では、
　「1、石ぬ屏風立てぃてぃスーリ（囃子）七重八重内に　船浮村幾世弥勒世果報よう　2、船浮クバディサや枝持ちぬ美らさ　船浮乙女や身持ちぬ美らさよう　3、船浮乙女ぬ御情ぬ煙草　肝に飲み染みてぃ伽にしゃびらよう」
と謡われている。

御嶽の全景（写真提供：東内原聖子氏）

イビ(写真提供:東内原聖子氏)

豊年祭での神司らの祈願

節祭(出典:南山舎㈱やいまタイム https://yaimatime.com/special/shichi2018/)

節祭のハーリ(出典:南山舎㈱やいまタイム https://yaimatime.com/special/shichi2018/)

【祭礼】

　旧暦・正月初祈願、2月たかび、3月草葉願い、4月山止め・海止め、世ぬ首尾、豊年祭、8月初願い、結願祭、9月9日芋の初上げ、10月たかび、種子取祭、御願解きなどがある。

　節祭は、世願い(世乞い)のハーリや水恩感謝行事が行われる。船浮湾でヤフヌティ(櫂踊り)、船漕ぎのハーリ、パチカイ、アンガー、棒術、獅子舞、ガーリー等が盛大に挙行される。豊年祭には、青年たちの棒術、獅子舞、力石持ち上げが行われる。

【植生】

　樹種はハスノハギリ、テリハボクの巨木のほか、フクギ、アカテツ、イヌマキ、オオハマボウ、タブノキ、コクテンギ、オオバギ、シマグワ、シマトネリコなどがある。

54 請原御嶽

【方　音】ウキハラオン、ウキオン
【所在地】西表島古見

【由来及び地域誌】

古式ゆかし祭りが続く古見

『琉球国由来記』巻二十一「ヲカ御嶽　神名　同上　御イベ名　ヲホトウノシ」

　花城村が信仰した御嶽である。西表島の古見村を通る県道の東海岸沿いに位置する。柱には「神依人敬増其威」と記されている。秘祭「八重山のシロマタ神事」と関わる御嶽である。
　『八重山嶋旧記』に「古見三村より小舟艪艇つつ賑に仕出しあらそわせ祭の規式と勤候利生相見豊年なれ……」と記されているようにかつては、すぐ近くの海で舟漕ぎの神事があったという。
　結願祭の狂言には、豊作を祝う口説がある。
　「ふたかざみゆさみ（豊年の遊びをする御代であるよ）　とぅかぐしゆあーみ（十日越しの夜雨を）ぐにちぃまふぇかじ（五日ごとの真南風を）　やふぁやふぁたぼーてぃ（穏やかに賜り）ぐくくむづくい（五穀豊作は）　まんまんまんさく（満満満作）あぬやんかぬやん（あの家もこの家も）　うでーさかむち（御台酒持ち）さみとぅさかじき（三味線と盃）」

御嶽の全景

拝殿

結願祭（写真提供：古見公民館）

請原御嶽の前を流れる水は海に流れ込む
（写真提供：屋宜奏風氏）

──────【祭礼】

　旧暦・正月初祈願、2月たかび、3月草葉願い、4月山止め・海止め、世ぬ首尾、豊年祭、8月初願い、9月9日芋の初上げ、10月たかび、種子取祭、御願解きなどがある。

　6月の豊年祭は、シロマタ神事が行われる。かつては豊穣を願う船漕ぎも行われていた。

　結願祭は、棒術や狂言、踊りなどの伝統芸能が奉納される。祭りのほか、毎月拝みがあるという。

──────【植生】

　アカギ、ハスノハギリ、オオバイヌビワなどが優占する海岸林が発達。林内はフクギ、テリハボク、オオバイヌビワ、クロヨナ、コミノクロツグ、リュウキュウガキなどが出現する。御嶽の入口には大きなアカギが2本ある。

　御嶽前は清らかな水が流れて、クレソンなどの野菜が水路の中で育てられている。近年、台風でフクギやテリハボクの巨木が倒れたという。

55 三離御嶽・兼真御嶽

【方　音】ミチャーリオン、ミーチャリウガン、フナフラ、サンリウタキ
【所在地】西表島古見

【由来及び地域誌】

八重山クロマタ神事発祥

『琉球国由来記』巻二十一「神名　フナウラ御嶽　御イベ名　マイヒキヒウモイ」

　前良川の右岸に位置する。同じ拝殿の中に、兼真御嶽と三離御嶽の両方が祀られている。三離御嶽は、前良川口の三離島にあった。兼真御嶽は、元は仲間崎と古見村との中間付近の無名の小島にあった。両御嶽も潮の干満によって祭りに支障があり、戦前現在の場所に奉遷したという。豊年祭には秘祭「クロマタ神事」が行われる。

　『八重山嶋旧記』に「上代古見嶋三離嶽に猛貌之御神身に草木の葉をまとい頭に稲穂を頂出現有時ハ豊年にして出現なく時ハ凶年なれ……」と記されたように、八重山アカマタ神事（アカマタ・クロマタ・シロマタ祭）発祥の御嶽とされている。

　古見村は、聖なる山・古見岳の麓、前良川・後良川が集落を挟むように流れる地形で、水と木、海の豊かな自然環境に位置する。琉球王朝時代には、スラ所（造船所）が設けられて、公用船（石垣船と古見船）等が造られて多いに栄えた。

　豊年祭は、船漕ぎの歌等の様々な神事と奉納芸能がある。

拝殿

ビロウ等多様な植物が茂る境内

かつて三離御嶽があった神島には、ビロウが茂る

――――――――――――――――――――――――――――――【祭礼】

　旧暦・正月初祈願、2月たかび、3月草葉願い、4月山止め・海止め、世ぬ首尾、豊年祭、8月初願い、9月9日芋の初上げ、10月たかび、11月種子取祭、御願解きなどがある。

――――――――――――――――――――――――――――――【植生】

　樹種は、ゲッキツ、リュウキュウコクタン、ビロウ、フクギなどが混在する。
　後側にはサキシマスオウノキの優占群落がある。そのほかサガリバナ、リュウキュウガキ、コミノクロツグなどがある。

56 慶田城御嶽・平西御嶽

【方音】キダスクオン、キダシケウガン/ピィニシイオン、カニクオン
【所在地】西表島古見

【由来及び地域誌】

昔ゆかし「古見の浦」の里

『琉球国由来記』巻二十一「花城村　小離御嶽　神名　同上　御イベ名　ヨライシソ玉」

　平西御嶽は後良川のアイラ川河口の平西島(ピィニシィ)で、古くは、小離御嶽と呼称される。

　慶田城御嶽は、『琉球国由来記』に記載はない。船材を切り出した地をフニヌチビ(船のしっぽの意)と呼んだと伝えられ、船は、ユブ島で作られたと記している。

　ここは、平西島の拝所のお通し願いの御嶽である。秘祭「アカマタ神事」の豊年祭は、聖なる山・古見岳、後良川、そして海の繋がりがうかがえるという。

拝殿

I 八重山の御嶽巡り60撰【西表島】

御嶽の全景

左側が慶田城御嶽で、右側が平西御嶽

神の島・平西島

――――――――【祭礼】

　旧暦・2月の世願い、6月の豊年祭（アカマタ神事）、8月の結願祭、10月たかび、種子取祭などがある。

　かつて、豊年祭は翌年の豊穣を願う船漕ぎが行われ、アカマタ・シロマタ・クロマタのそれぞれ船を漕いだが、現在はない。

　祭りのほか、毎月拝みがあるという。ただし、神司がいないので、イビの祭祀は行わず、拝殿ですべて行うという。

――――――――【植生】

　周囲は、フカノキ、ビロウの優占樹種のほか、センダン、フクギ、コミノクロツグ、オキナワウラジロガシ、ヤンバルアカメガシワ、リュウキュウガキなどがある。入り口にはリュウキュウマツがみられる。

　平西島の植生は、『沖縄県社寺・御嶽林調査報告』(1981年)によるとオオハマボウ、アダン、オキナワシャリンバイ、クロヨナ、トゲイヌツゲ、ガジュマルなどと記されている。

57 友利御嶽

【方　音】トゥムルウガン・ムトゥウガン
【所在地】鳩間島

【由来及び地域誌】

宮古島の神を勧請

『琉球国由来記』巻二十一「友利御嶽　神名　ヲトモリ　御イベ名　大ザナルガネ」

　鳩間島の友利御嶽は、上ヌウガンとも呼ばれ、鳩間島の中央に聳える中岡の東隣に位置する。鳩間島の創立者は宮古島の船屋儀佐真といわれ、御嶽の神は宮古島の神を勧請したと伝わる。船屋は、鳩間儀佐真と改姓したという。

　鳩間島の「元ジラバ」では次のように歌う。「1、バガ（我が）鳩間ユ　タティダス（立てたのは）　クリトゥムリィ嶽（友利御嶽）を　タティダス（立てたのは）　2、鳩間儀佐真主　本バシ（責任者として）……」

　鳩間中森は　西表島に稲作で通う船の風景を歌った古謡である。
「鳩間中森」
「一、鳩間中森（はとうまなかむり）　走り登り（はりぬぶり）　蒲葵（くば）の下に走り登り　ハイヤヨ　ティバカイダキ……（美しい古見の山々が美しい……）　二、美しゃ盛りたる岡ぬ蒲葵（かいむくば）　美らさ連りたる頂ぬクバ（ちゅち）……」。

御嶽入口の鳥居

Ⅰ 八重山の御嶽巡り60撰【鳩間島】

拝殿の内部（砂岩で造られた5つの香炉）

豊年祭（写真提供：羽根田治氏）

イビ

結願祭の弥勒行列（写真提供：羽根田治氏）

アカギの巨木がある友利御嶽の入口（無断での立ち入りを禁じる看板がある）

―――――――――【祭礼】

　豊年祭、2月祭、世願い、結願祭等が行われる。
　豊年祭は、旗頭、弥勒行列、ユーモラスなカムラーマ舞、棒術などの奉納芸能が行われる。
　島の東西2組で爬竜船（ハーリー）競漕があり、最後に大綱引きが行われる。

―――――――――【植生】

　樹種は、オオバアコウ、ガジュマル、フクギ、オオハマボウ、テリハボク、アカテツ、アカギ、ゲッキツ、クロツグなどが分布する。

58 新川御嶽

【方　音】アラカウガン
【所在地】鳩間島

【由来及び地域誌】

水元の神として信仰

　鳩間中岡の西側の中腹に位置する。水元の神として信仰され、東里家の先祖によって拝み始められた。
　旱魃の時、西村のトゥニムトゥが雨乞い祈願すると同家の畑だけに雨が降ったことが由来として伝わっている。

　豊年祭の歌
「1、ヘイヤー(囃子・以下同じ)新川ヌ(あらかー)　ほ　まぶるしゅー(守護神を)　ヘイヤー　かみいらかぬ　親神(うやがみ)　2、ヘイヤー　にがうから(願うから)　ホーしずか(退きましょう)　へいやーてぃじるから(手摺って(合掌して)から)ホーむどぅら(戻りましょう)　3、へいやーやんぬゆーや(来年の世は)ほーなひんだら(もっと豊年だ)へいやーんかいるゆーや(迎える世は)ほーゆくんだら(なお一層豊年だ)」

拝殿

Ⅰ 八重山の御嶽巡り60撰【鳩間島】

参道（テリハボクの巨木が茂る）

【祭礼】
　旧暦・初祈願、２月祭、３月草葉願い、世ぬ首尾、豊年祭、八月初願い、結願祭、９月９日芋の初上げ、10月たかび、11月種子取祭、御願解きなどがある。

【植生】
　テリハボクの巨木群のほか、フクギやタブノキの巨木が分布している。その他、コミノクロツグ、アカギ等が見られる。

御嶽の全景

神々しい境内は木々がまっすぐに伸びている

59 久部良御嶽

【方　音】クブラウガン
【所在地】久部良

【由来及び地域誌】

大漁祈願の神

神名「イユンイリミサテ・トンダバニ・ヌチ」

　与那国島に異国船や海賊船が侵入してこないように祈願した御嶽である。
　昔、久部良港沖に異国船が押し寄せてきたとき、福元屋の才色兼備の女性が敵の船に忍び込んで、「お祝いに来ました」とモチに似せた黒石と花酒を提供した。敵は固いモチに驚き、ここは怪人のいる島だと思い逃げ帰ったと伝えられている。また、祭りの時に大きなワラジを台湾の方向に流した風習も伝承されている。
　鳥居入り口の右にもイビと香炉があり、龍宮の神を祀っている。現在、漁業が盛んで、海上安泰、大漁祈願の神として信仰される。近くに久部良祭りを行う「クブラマチリトゥニ」がある。

御嶽の全景（写真提供：東内原聖子氏）

イビ（写真提供：東内原聖子氏）

イビ

豊年祭・踊り奉納（写真提供：中島まつり氏）

――――――【祭礼】
　毎年、ハーリーが行われ、航海安全、豊漁を祈願する。
　豊年祭では「雄飛」の旗頭で練り歩く。
――――――【植生】
　樹種は、モクマオウ、オオバアコウ、ハスノハギリ、ハマイヌビワ、クロヨナ、クロトン、マサキ、ソテツ、ハイビスカスなどがある。

旗頭「雄飛」（写真提供：中島まつり氏）

60 比川御嶽

【方　音】ンディウガン
【所在地】比川

【由来及び地域誌】

家庭円満の神・村の守り神

　比川御嶽の神名は「ハイミウブダギ・ウブムイフチ・ヌチ」。

　比川部落の前方、上里遺跡の東側に位置し、嫁取りや婿取りの家庭円満を守る御嶽である。暴風や高潮の害で荒れ果てたため、部落で改築された。

　比川部落が信仰する村の守り神である。近くには「ンディマチリ」の際、田畑豊作に対する水の儀式「ミドゥマチ」を行う「ンディマチリトゥニ」がある。

　『朝鮮王朝実録』成宗10年(1479年6月10日)によると、1477年2月1日に朝鮮の済州島を出港し、強風で2月14日、与那国島に漂着し、人々に助けられた金非衣らは、7月下旬、南風が吹いて、祖納(所乃是麿)に移されるまで、与那国島に滞在された。その時のことを次のように伝えたとある。

　「閏伊是麿(与那国島)……濁り酒があり、米を水に漬けて女性に噛ませてお粥にして木桶に入れて作る……主には稲米で、粟があっても好まず……収穫の前は謹慎して大声で話さず……盗賊がなく、道に落ちたものを拾わず、お互いに大声で争わず。子供を撫愛し、たとえ泣いても手を加えず。彼らと言葉が通じなかったが、長くその地にいて少し通じるようになった。私たちは故郷を思い出し、よく泣いたが、島人は新しい稲を抜いて昔の稲と比べて見せて、東に向けて吹いた。その意は新しい稲が熟する時期には必ず帰れるということだと思った。」

御嶽の全景(写真提供：東内原聖子氏)

ンディマチリトゥニに茂るテリハボク

ンディマチリトゥニ

豊年祭・13箇所の御嶽への供え物

オオハマボウ

【祭礼】
旧暦・6月の豊年祭、旧暦9月9日の「ドゥバダニンガイ」が行われる。

【植生】
祠がある比川部落の御嶽は、オオハマボウ（ユウナ）の樹木が繁茂する。「ミドゥマチ」には、テリハボクの巨木が茂る。

イビの入口（手前は供物台）

【参考文献】

御嶽60撰の【由来及び地域誌】【祭礼】【植生】をまとめるにあたっては、以下を参考にした。

石垣市史編集委員会編『石垣市史民俗上』(石垣市、1994年)
石垣市史編集委員会編『石垣市史民俗下』(石垣市、2007年)
竹富町史編集委員会編『竹富町史 第3巻 小浜島』(竹富町、2011年)
竹富町史編集委員会編『竹富町史 第2巻 竹富島』(竹富町、2011年)
牧野清『八重山のお嶽―嶽嶽名・由来・祭祀・歴史』(あーまん企画、1990年)
川平村の歴史編纂委員会編『川平村の歴史』(川平公民館、1976年)
山城 浩編著『小浜島誌―心のふるさと』(小浜島郷友、1972年)
崎枝公民館編『崎枝の歩み―崎枝部落創立30周年記念誌』(崎枝公民館、1979年)
宮良公民館編『宮良村誌』(宮良公民館、1986年)
平得公民館編『平得公民館建設記念誌』(平得公民館、1986年)
大浜公民館編『大浜村誌』(大浜公民館、2001年)
沖縄県立芸術大学附属研究所編『古見の浦』西表島古見の伝統文化の調査研究」報告書(1998年)
竹富町史編集委員会編『竹富町史第六巻鳩間島』(竹富町、2015年)
運道武三編『黒島誌』(運道武三、1988年)
白保村史調査編集委員会編『白保村史』(2009年)
白保『八重山白保村落調査報告』(琉球大学社会人類学研究会、1977年)
上勢頭亨『竹富島誌』民話・民俗篇 (法政大学出版局、1976年)
石垣市総務部市史編集室『八重山古地図展』(石垣市役所、1989年)

Ⅱ　八重山の御嶽を考える

八重山の御嶽――「祈り」と「祭り」の祭祀空間

李　春子

　水は大気と地球の表層を循環して、地球上のあらゆる生き物の命を育む。雲は、風に乗って移動して雨になり、山や森に降り注ぐ。さらにその森は水を育む。そして水は川を下り、やがて海に流れ込む。水は、人間の命を支える恵みをもたらす反面、日照りや干ばつ、洪水・水害の厄災をもたらすが故に、水の循環秩序を願う祭祀と深く関わってきたといえよう。森や水の恵みに生かされている人間社会が、土木工事的な「治山・治水」だけではなく、祭祀や慣習を通して日々の安寧を祈り、畏敬の念を表すことを筆者は「敬森・敬水」と呼称する。[1]

　八重山には、海や山・森、そして地域社会の歴史と深く結びついた聖なる「御嶽」(うたき)(八重山ではオン、ワン、ウガンなどと呼称)がある。御嶽は、島の創成、集落の開拓、地域誌、文化の伝来など人間社会の生の様々な営みと深く関わっている。また、御嶽の周りの植生には、地域固有の貴重な植物などが見られ、海沿いの御嶽林は、防潮・防風など防災林として重要な役割を果たしてきた「共生の自然」ともいえよう。

　御嶽は、祈りや祭りを行う「祭祀空間」であり、地域の様々な「伝統芸能」を奉納する「文化的空間」でもある。神司(つかさ)の祈りの場である「イビ」には素足でしか入れない御嶽もある。イビは拝殿と繋がっており、森を最も神聖視する祭祀空間となっている。

　御嶽には、日本本土の神社で祭礼を行う本殿に当たる拝殿があるが、そこに御神体はない。道教の廟のような神像やご神体もなければ、仏教の仏像や経典のようなものもない。すなわち、御嶽は建築物の中に神象を奉るものではない。そこは、鬱蒼とした森に吹く風、鳥、老木の威厳など、五感で体験できる自然信仰の祭祀空間である。同時に、時代や社会を超え、日々の荒波を生きる人々の魂を蘇らせる森の空間でもある。

Ⅱ　八重山の御嶽を考える

　本稿の調査地は60カ所の御嶽（石垣島32カ所、竹富島10カ所、西表島８カ所、小浜島４カ所、黒島２カ所、鳩間島２カ所、与那国島２カ所）である。主に、御嶽林が維持されている生態的側面と地域社会における祭礼や信仰の文化的側面等の条件に注目して選んだ。
　牧野清は、『八重山のお嶽―嶽嶽名・由来・祭祀・歴史』（1989年）のまえがきに「直面するお嶽の危機」を記した。その中で職業の多様化や過疎化、神司の途絶えなど、八重山諸島の御嶽の衰退を指摘している。それから30年余り経った2019年現在、八重山の御嶽文化の継承と御嶽林の保全の課題は、さらに深刻になっている。
　司馬遼太郎は『21世紀に生きる君たちへ』（小学校国語６年下、大阪書籍、2003年）で、昔も今もまた未来においても変わらないものは、不変な価値の自然であり、自然こそ神々であると語っている。
　本稿では、八重山の御嶽の祭祀空間を次の三つの視点で考察した。
　第一、神司によるイビを中心とする祭祀空間と祈りを「静」の視点で取り上げる。
　第二、神庭で行われる祭りを「動」に焦点をあて、循環する世界観の「敬森・敬水」を考察する。
　第三、御嶽林における地域固有の植生と生育状況などを、「生態保存」の観点から検証する。

第一章　八重山の島々の由来

一、石垣島の於茂登岳と西表島の古見岳

　石垣島の最高峰於茂登岳（約526m）は、古くから霊山として崇敬されて、「大いなる本となる山」という意味をもつ。また『八重山諸島物語』には、万年青岳と書いて、ウムトダキと読みかえられている。石垣島にある多くの御嶽（美崎御嶽、宮鳥御嶽、天川御嶽、地域御嶽、仲嵩御嶽など）に、於茂登岳を遥拝する香炉が置かれていることからも分かるように、信仰の中心とも

いえる山である。

　於茂登岳は、石垣島の命の水の源流となり、名蔵川と宮良川の水源涵養林となっている。於茂登岳から流れる豊富な水は、古くからノーラヌー(名蔵野)と呼ばれる肥沃な穀倉地帯として名蔵平野を形成した(5)。また、1930年代には台湾から名蔵に入植した人たちによってパイナップルや水牛が導入され、八重山の農業に大きな影響をもたらしている(6)。

　名蔵川から流れる水は、その河口に面積約24km²にも及ぶ広大なマングローブ林の「名蔵アンパル」を育んでいる。網を張るという意味のアンパルは、カニや魚、貝などの豊かな漁場である(=写真1)。旧暦3月3日の浜下り(サニジィ)には干潟に下りてカニや貝を捕るなど、その習慣は今も残っている(7)。

　於茂登岳を源流とするもう一つの流れの宮良川（めーら）は、「井戸祭りの願い口」にその繋がりが謡われる。

名蔵アンパルから眺めた於茂登岳（写真提供：島村賢正氏）

宮良川

「大本山　照らし山ば元ばし　七川良（七つの川）、七谷抜（七つの谷を割り）……
井戸ヌ神　水元ぬ、にーらすく、かねーら底から、噴き出ておーる　若水　甘水
……」[8]

　宮良川河口に広がるマングローブの美しい風景は、古くから仙景として詠われてきた。1884（明治17）年に西村沖縄県令一行が来島した際、「珊瑚畳作五橋材　鶴葉千株短似苔　莫是神仙下遊処　万年青髪映流来」と記されている。[9]マングローブは現在、カヌーツーリングに最適な場所として観光資源になっているが、明和の大津波（1771年）の時、甚大な被害があったことが歴史文献などに記録されている。[10]
　於茂登嶽の神の由来は、『球陽』巻三　尚真王二四年条に見られる。1500年オヤケ・アカハチ関連の伝説で、久米島の君南風（神女）が王府軍に随行し、久米島の神と姉妹だった於茂登岳神を説得して、帰順させたと記されている。[11]
　八重山の島造りは、竹富島に伝説として残っている。「昔、於茂登嶽の神様は、天から降りてオーモト山を築いて住んでいた。一方、清明様は、東南岬岩（あがりばいざし）（清明御嶽の東方の岩）に降りて、石や砂利を積み、土を盛り上げて竹富島を造っていた。ある時、大本様から連絡があって、二神で力合わせてもっと大きな島を造りましょうと相談された。そこで二神は協力して石垣島をはじめ次々と島を造り、それらの島々が八重山と呼ばれるようになった」と伝えている。[12]

　竹富島の清明御嶽には、於茂登岳の神と清明御嶽の神が祀られているが、「清明御嶽願い口」には次のように記されている。

「四、東礼拝所（あがりばいざーし）　降りみそーる……
　七、島ぬあら（初め）国ぬあら　新仕立（あらしたてぃ）おーたる……
　八、大本テラス（うむとぅ）　マソーバ　降リミソール……」

　また、清明御嶽の「大本神願い口」には、次のように謡われる。[13]

「一、大本照らす　元の島(むとぅ)　六山(むやま)　八山(やーやま)　九人ぬ　御嶽
二、大本ほーらす　まそーばぬ　神ぬ前」

　一方、沖縄本島の島造り神話は、『中山世鑑』に記載があり、阿摩美久が天に昇り、土石や草木を頂いて島々を作ったと伝えられている。

「阿摩美久は天へ上り、土石や草木を給われば、島を作り奉り……阿摩美久は土石や草木を持って降りて数々の島を作った。一番に国頭辺戸の安須森(アスモリ)、斎場嶽(サヤハタケ)…首里森…島々国々の嶽々森々を作った」(14)

　また、『琉球神道記』(1608年)には次のような国造りの神話がある。(15)

「昔この国のはじめ……この時この島はなお小さくて、波に漂っていた。そこでダシカという木を現して、それが繁殖して山の形を作った。次にシキュという草を繁茂させ、又阿檀(アダン)という木を植えて漸く国の形とした」(ヨウヤ)

　八重山は、石や砂利を積んで島を造り、沖縄本島は土や石のほかにアダンなどの木々を植えて御嶽の森を作ったと伝えられるなど、国土創成のあり方に興味深い違いが伺える。
　西表島の最高峰は、「古見岳(古見山)」(469.5m)である。古見は、米が語源と言われる。古見岳から流れる豊かな水が背景にあるが、後良川河口の

西表島の古見岳と後良川とマングローブ

橋に立つと山・川・海が繋がったマングローブの壮大な光景が広がる。野本寛一は、於茂登岳と古見岳を次のように記した。[16]

> 「石垣島の於茂登岳と西表島の古見岳は、八重山諸島の人々の命を支える水をもたらす山として深い信仰を集めた……豊年祭の時、豊穣と幸いをもたらす赤マタ・白マタの二神は古見山から降りて、ピニシ島を往来して再び、古見山に帰る」

古見村の「雨乞い歌」は次のように詠われる。

> 「古見岳ぬ上から　八重岳ぬ上から　雲ぬ立ちおうる　ぬり（乗り）雲ぬ立ちおうる　うりど雨やりようる　くりど水やりようる（それが雨であり　これが水でありなさる）」[17]

　古見岳の森からの流れる様々な栄養を含んだ水は後良川を通して、多様な命を育むマングローブ林を支える。新城島の「古見山ジラバ」を見ると古見岳から材木を伐り出し、造船する様子などが詠われている。[18]
　このように、於茂登岳と古見岳の豊富な水は、人の命を繋ぐ飲み水にとどまらず、稲などの作物を育ててきた。同時にマングローブ林を養い、そこに生息するカニや貝などの多様な生き物を育んでいく。また、材木の宝庫の山は海と繋がることで多様な生き物の命の根源となる。そのために雨をもたらす聖なる山として信仰を集めたのである。[19]

二、歌われる八重山の島々と腰当杜

　沖縄本島では、集落の背後に広がる山々に、村を守る祖霊や神々が鎮座する聖地を人間の身体に重ねて説明した腰当杜(クサテイモリ)という表現がある。『おもろさうし』や『琉球国由来記』(1713年)を見ると、コシアテ森(コシア)（腰当て森）という記述がみられる。[21] 生態環境的に北風を防ぐ山と、南に豊富な水の川が流れていることが、村の繁栄に直結するという概念である。
　八重山には、祖霊とは限らず、命を繋ぐ水源地の森や山を腰当杜(クサテイモリ)とする

歌がある。水や森の自然環境の恵みを「果報」として歌うのである。宮良地域の仲嵩御嶽は別称「上ぬ御嶽(おん)」という(22)。集落の背後の於茂登岳が見える高台地にあり、「大波之時各村之形行書」にも「旧式の通り別状なし」という記録がある。「仲嵩御嶽の歌」は、この御嶽を腰当てとして次のように歌われる。

　「宮良という島(村)は　果報の島(村)だから　仲嵩を腰当てに　富裕を前にしている　仲嵩に登って押し下ろしてみると　稲粟の稔り　弥勒世果報　稲粟の色は　二十歳ごろの乙女　色が美しいので　御初をあげる　弥勒の世も賜り　福の世も賜り　何時までも今の如く　弥勒世果報」(23)

　於茂登集落には、1991年に建立された「大御岳ぬ・清水の神」がある。於茂登岳の清水が集落に繁栄をもたらした感謝の念を石碑にしたものである。「大本節」では、於茂登の森や水への感謝の思いを「腰当水ぬ……真清水や　うすでぃ(くさてぃ)　愛さ」と歌っている。

　「果報ぬ島」とも自称する小浜島には、「八重山のテンブス(へそ)」とも言われる「大岳」(高さ約99m)がある。大岳から流れる水により、水田や田畑の実りが豊かな島である。それを「小浜節」(くもー)(1751年)では次のように歌っている。

小浜島の水源地・大岳の山容と広がる田園

Ⅱ　八重山の御嶽を考える

「小浜　てぃる島や果報ぬ島　やりば「シタリヌ」　大岳ば　くさてぃ（腰当）うふだき　白浜
前なしヤゥ　ンナ
大岳に　登てぃ　押し下し　見りば　稲粟　ぬなをり　弥勒世果報ヤゥ　ンナ
稲粟ぬ　色や　二十歳頃美童　粒々美らさあてぃどぅ　御初　上ぎるヤゥ　ンナ」

　西表島の干立集落の金座嶽にはムトゥ御嶽（上ぬ御嶽）があり、近くには地域の大切な水源地で、水田や畑を潤す上ぬ井戸うぃかーがある。「干立口説」で、腰当て森として次のように詠われる。(24)

　　一、さてぃむ豊かな干立や　金座大嶽　腰当てぃてぃ
　　　　誠豊かな　果報ぬ島
　　二、島ぬ始みや伊美底　嶽原真中に　恵みあり膳配
　　　　茶ネー上ぬ井戸ぬ
　　　　神ぬ恵みぬ　玉ぬ水
　　三、モイダ長浜　ながむりば　波に浮かぶや　夫婦石
　　　　島とぅ伴でぃトゥバイラーマや

　山のない黒島では、豊年祭の「ぱーれー唄」で、米倉を「腰当て」として次のように歌っている。

　　「今年からかわって　同じ黒島ではない　昔の弥勒世は　近くなったよ　大野原に登って押し下して見ると　稲粟の稔りは弥勒世果報（豊年）……黒島の習慣は果報（豊年）の島だから　米倉を腰当てに　思子（子孫）を前にして　飛ぶ鳥の寄りは高い木の端に寄る　……来年の世を　来夏世を願いましょう」

　黒島は「果報の島」だから「米倉を腰当て　思子を前にして」と歌い、村褒めの要素が入っている。

三、石垣島の御嶽の由来

(1) 集落の始まり

八重山の御嶽の由来は、歴史書や集落に伝わる口伝、各字の地誌などで知ることができる。『琉球国由来記』(1713年) 巻二十一には、石垣・登野城村の始まりが次のように記されている。

> 「宮鳥御嶽　昔、当島に村が無く、人々は愚かで慈悲を知らず争いをした。その頃、マタネマシズ、ナアタハツ、平川カワラという兄弟三人がいた。宮鳥山に神託があり、人間は神の子で諸人皆兄弟であり、慈悲の心で諸人に接するようにと神に告げられた。兄弟は宮鳥山近き、諸人を愛ける……」

また、宮良・白保村の始まりと御嶽の由来が、『琉球国由来記』巻二十一に書かれている。

> 「仲嵩・山崎・外本・嘉手刈・真和謝・多原御嶽　右六御嶽、立始ル由来ハ、昔西カワラ・東カワラ兄弟がいて、兄は宮良・弟は白保に家を構えて諸人心々ニ所々ニ家ヲ作……彼兄弟ノ居処ヘ漸々我モ誰モト相集、村ト成ル……六御神ヲ六嶽ニ勧請シテ今迄崇メ来也。宮良・白保二ケ村モ大瀬モ其時始タルト」

(2) 神聖顕現

群星御嶽は、昔、川平村の旧家・南風野家(現在、早野家)の人々が、夜中不思議な霊火が群星と地上を昇降するのを見た。そこで神の降りた所として一宇を建てたと伝わる。[25]

長崎御嶽は、昔、新川の長崎家の祖先が森の中で霊火が現れた所に夫婦石を見つけた。そこを祀ると豊作になったので祀るようになったという。

天川御嶽は、昔、登野城村にいた天川家(アーマーヤ)の祖先の野佐真が天川原の霊石を信仰すると豊漁・豊作となったことに由来する。[26]

（3）稲の伝来と偉人の墓

　米為御嶽は、昔、安南（現在のベトナム）のアレシンという所から八重山に稲作を伝えた妹・マルファイの墓で、兄・タルフアイの墓は、大石垣御嶽である。小波本御嶽は、タルフアイとマルファイ兄妹の住居跡と伝わる。また、稲の伝来と関係のある御嶽には、大阿母御嶽と多田御嶽がある。そのほか、偉人の墓を御嶽とするところもある。[27]

（4）航海祈願

　『八重山嶋旧記』には、琉球王国時代に上国役人上納船の航海安全を祈る七嶽（美崎御嶽・宮鳥御嶽・長崎御嶽・天川御嶽・糸数御嶽・名蔵御嶽・崎枝御嶽）が記されている。美崎御嶽は、「御イベ名　浦掛ノ神ガナシ」という神名にも表れるように、1500年代、八重山を大きく揺るがせた首里王府に年貢上納を拒んだオヤケ・アカハチとの関連で、琉球王府と八重山で航海安全祈願をしたとの由来がある。

　真乙姥御嶽は、下記に記されたように首里から船が無事帰着できるように美崎御嶽に籠って祈った神女の墓とされている。

> 「真乙姥、兵船ニ乗来リ、御タカベ仕ル……真乙賭想様、軍衆ノ船……美崎山ト云所二断食ニテ相籠リ祈願シケルニヤ、五十艘ノ船、不ㇾ残、同時ニ那覇之湊二着船也。」[28]

　川平湾の浜崎御嶽と底地湾の底地御嶽は、航海安全を祈願する由来が伝えられている。川平湾は、古くから琉球王府へ貢納物を運ぶマーラン船の風待ちの待避地としても使われた。[29]

　山川御嶽は、宮古島との関わりを伝える。昔、平田の主が筑登之になり、琉球王府に挨拶に出かけた。その時、暴風に遭遇して宮古島の山川集落に漂着した。そこで集落の村人に助けられ、無事に琉球王府に着いたことから、山川の分神を祀るようになった。[30]そのため、山川御嶽の香炉は、宮古島に向いているという。

(5) 鉄の伝来

　崎原御嶽は、『琉球国由来記』巻二十一に「神名　崎原神根付　御イベ名　フシカウカリ」の記述がある。それによると、大浜にヒルマクイ・幸地玉ガネ兄弟がいた。当島には鋤・鍬・鎌がなかったので、兄弟は船に乗り、薩州（鹿児島）へ買い求めに行く。帰る時に白髪の老人が船を導いてくれたおかげで、無事に八重山に帰ったと言う。これが八重山に鉄器が伝来した伝承となっている。

(6) 水と井戸

　宮鳥御嶽のソーソーマカーは、昼は人が、夜は神が掘ったと伝えられる井戸で、神に捧げる水を汲む井戸である。

　真乙姥御嶽近くには真乙姥井戸があり、長崎御嶽近くの新生井戸（あらまりな）は、御嶽の神前に捧げた湧き水である。新川村は1757年に石垣村から独立したが、新川の名はこの井戸に由来する。

　宇部御嶽には、昔、集落を開拓した人の兄弟が力合わせて掘ったと伝わる新本井戸がある。外本御嶽は、入り口に神に祈願して水脈を探しあてた安多手井がある。

　また、石垣島白保の真謝井戸や竹富島の美崎御嶽と浜井戸、黒島の南風保多御嶽と降り井戸等、海岸沿い近く井戸と御嶽は、水の流れや防災林の役割等、興味深い。御嶽と井戸が近い所にあるのは、命を繋ぐ水と祭祀との深い関わりがあるからだといえよう。

(7) 災害と遥拝

　明和大津波（1771年）で、石垣島に住む多くの人々が流され、その被害は甚だしかった。そこで琉球王府は、復興対策のために八重山の離島の島々から石垣島へ人々を強制移住させている。

　「大波之時各村之形行書」（1773年）によると、白保村には波照間島から418人が移住させられている。移住者は、その地に波照間御嶽を建てた。

　宮良村は津波で人口の85％を失い、小浜島から320人が移住させられている。移住した人々は、故郷を遠望できる西の高台に小浜島で信仰してい

た照後御嶽の分神を勧請して小浜御嶽を建てた。

四、離島の御嶽の由来

①竹富島の御嶽の由来

竹富島の御嶽は、『琉球国由来記』巻二十一に記され、そこに6人の酋長が心を合わせる「うつぐみ精神」が伺える。

> 「玻座間御嶽(屋久島より渡来の根原金殿(かみとの))、仲筋御嶽(沖縄本島から渡来の新志花重成(あらしはなかさなり))、幸本御嶽(久米島から渡来した幸本節瓦(ふしかわら))、久間原御嶽(沖縄本島から渡来の久間原発(はつ))、花城御嶽(沖縄本島から渡来の他金殿(たかねとの))、波利若御嶽(徳之島より渡来の塩川殿)、右六御嶽、立始ル由来、昔、竹富島ニ……酋長六人として心を合わせ、諸人を愛して、島のため作物のため守神拝み、国国島島より御渡り……」

また、麦を司る仲筋御嶽、粟を司る玻座間御嶽、豆を司る幸本御嶽、雨・水を司る波利若御嶽、海を司る花城御嶽、山・植物を司る久間原御嶽の6神の由来も伝わる。

②小浜島の御嶽の由来

小浜島の嘉保根御嶽は、『琉球国由来記』には記載がないが、牧野清は次のように説明している。

> 「東表御嶽(アールムテイワン)を遷座して通し拝みとして祀られて、「東山」という呼び名もある。豊年祭は、東表から拝み始めるという。昔は、首里王府への旅に出る度に祈り、竜宮の神を祀る」

仲山御嶽は水元の御嶽で、水の神として信仰される。大岳から流れる清々しい水が御嶽の前の谷間に流れ込み、ヤマンダバル(山田原)の水源となっている。オオタケヌカン(大岳の神)という男神として伝承されている。

佐久伊御嶽(さくひ)は、『小浜島誌』(小浜島郷友会那覇、1972年)によると1751年、

嘉弥真島の御嶽が佐久伊御嶽として祀られた。4年に一度の神年に、手摺部（村によっては山当）らが嘉弥真島に渡って祭祀を行い、帰りに同島の浜から持って来る「かいまねがい石」がイビの前に供えられる。

ナカンドゥ御嶽は、南川田於那利の墓がそのまま御嶽となっている。ウナリは、琉球尚灝王（1804～1834年）の妻として娶られた後に帰島して、琉球王府からウナリ・官名ツカサパーとして任命された。南川田於那利儀板証古文書に「島本海垣の儀　ツカサパア　野菜取達用として御印紙を以て三度にて築立置……」と記されている。ウナリの生活のため、道光4年（尚瀬王（1924年））の頃、幅約12m、長さ約1200mのスマンダガキィー（島本海垣）が造られた。

③黒島の御嶽の由来

黒島の北神山御嶽は、航海安全祈願が由来である。昔、樽という公用船の船員がいて、八重山と沖縄本島の間を37回も航海して無事帰還している。その樽の妹が航海安全のため、兄の無事帰還を祈ったと伝えられている。「黒島口説」では次のように歌われている。

「四、……廻りてぃ六月　今どぅ走来る　穂利ぬ遊ぶや　老てぃ若ん　袖や引き連り　腰や押りてぃ　磯ぬ浜下り　錦交ぬ　花ぬ雲山　匂ふくふく　さんさん　いや吾々さばくい　船ぬ大将　かじ取りばやし　早く　招く扇や　舟子勇てぃへいへい　漕舟見りばさてさて面白むんさみ　今ぬ囃子に口説詠々」

南風保多（パイフタ）御嶽は、昔、於茂登嶽の神様が南風保多に向かう途中、伊古の浜で休憩した所である。神様が手足を洗った「降り井戸」が伝承されている。また、東盛家にいた美人が明和の大津波で流されたものの、御嶽の木に掛かり命拾いしたことから、神司になったとも伝えられている。(36)

④西表島の御嶽の由来

西表島の前泊御嶽と干立御嶽は、『琉球国由来記』には「神名嶽名同……由来不相知」と記されている。『西表島の伝説』には、前泊御嶽は「一名穀

ウガンとも呼ばれ、五穀の豊作を祈るお宮」と記されている。

1923年に八重山を訪ねた坂口総一郎は『沖縄写真帖』(1925年)で、西表島祖納の御嶽について次のように記している。

1923年頃の前泊御嶽(出典:沖縄写真帖)

「昔から沖縄では森林を崇拝する美風がある。称して御嶽(ウガン)と言う。ウガンの最も簡単なものは香炉だけを備へている。写真は、祖納の西方海岸の御嶽で、総ての点によく整った御嶽で、堂こそ小さいが鬱々たる森林に囲まれ、言ひ知れぬ神々しさを覚える。背後に立つクバはありし昔を語り顔である」(37)

前泊御嶽は、節祭や豊年祭など集落の神事を行う。(38)

干立御嶽は、昔、ウニファーという航海の達人が、琉球王府貢納のマーラン船の船頭主を務め、船出の度にムトゥ御嶽(上ぬ御嶽)に祈願していた。干立御嶽は、その遥拝御嶽として建てられた。拝殿の

帆船を描いた絵馬＝干立御嶽(西表島)

中には、「光永　道光七年丁亥十月」(1827年)と刻まれた扁額や絵馬(船の図)が飾られていて、ウニファーが乗った船だと伝えられている。

⑤鳩間島の御嶽の由来

鳩間島の創立者は、宮古島の船屋儀佐真で、鳩間島の友利御嶽は、宮古島の神を勧請したと伝わる。鳩間島の「元ジラバ」では次のように歌われる。

「バガ(我が)鳩間ユ　タティダス(立てたのは)　クリトゥムリィ嶽(友利御嶽)を　タティダス(立てたのは)　鳩間儀佐真主　本バシ(責任者として)……」

鳩間島の中央に鳩間中岡（標高33.8m）の小山があり、鳩間中森（「鳩間節」）[39]は、西表島に稲作で通う舟の情景を歌っている。かつて、収穫した舟が見えると集落で一番高い鳩間中岡に登って歌った歌であるという。

一、鳩間中岡　走り登り　蒲葵の下に走り登り
　　（パトゥマナカムリ　パリヌブリ　クバヌシタニ パリヌブリ）

ハイヤヨ　ティバ　カイダキ　ティトゥルトゥ　テンヨ　マサティミグトゥ
　　（美しい古見の山々が手にとるように　まさにすぐれて美しい）

二、美しゃ盛りたる岡ぬ蒲葵　美らさ連りたる頂ぬクバ[40]
　　（かい　む　　　　　　くば　ちゅ　ち）

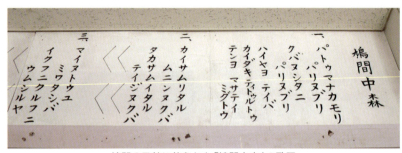

鳩間公民館に飾られた「鳩間中森」の歌詞

　現在、中岡周辺にはビロウが茂るが、戦前に切られたところを前津栄信氏や公民館長の通事健次氏らが1990年前後に植えたものだという。
　このように御嶽の由来は、各々の島や集落の始まりと関わる伝説をはじめ、神聖顕現、鉄や穀物の伝来、水や井戸、遥拝など様々である。由来を辿りなおしてみると、人間が生を営みながら自然環境の中に新たな神々を見出してきた関わりが伺えるのではないだろうか。

鳩間島のビロウ

表① 八重山の御嶽の由来[41]

	集落の始まり・移住の伝説	穀物伝来と関連	神聖顕現	航海祈願	水・雨乞い	災害・遥拝	偉人の墓・住居跡	その他
石垣島	宮鳥御嶽 仲嵩御嶽 山崎御嶽 外本御嶽 多原御嶽 嘉手苅御嶽 真謝御嶽 徳底御嶽	米為御嶽 大石垣御嶽 大阿母御嶽 多田御嶽	群星御嶽 長崎御嶽 天川御嶽	美崎御嶽 名蔵御嶽 浜崎御嶽 山川御嶽 底地御嶽 崎枝御嶽	天川御嶽 米為御嶽 宮鳥御嶽 水瀬御嶽 山崎御嶽 多原御嶽 宇部御嶽 赤イロ目宮鳥御嶽 群星御嶽 於茂登岳 大御岳ぬ清水	山川御嶽 波照間御嶽 小浜御嶽 地城御嶽	米為御嶽 小波本御嶽 （住居跡） 大石垣御嶽 真乙姥御嶽 大阿母御嶽	崎原御嶽 （鉄伝来）
竹富島	玻座間御嶽 （屋久島） 仲筋御嶽 （沖縄本島） 幸本御嶽 （久米島） 久間原御嶽 （沖縄） 花城御嶽 （沖縄） 波利若御嶽 （徳之島）	幸本御嶽 の小底場 クックバー 玻座間御嶽 （粟の神） 仲筋御嶽 （麦の神） 幸本御嶽 （豆の神）		美崎御嶽	清明御嶽 波利若御嶽 （雨の神） 美崎御嶽 （浜井戸）			国仲御嶽 （分神） 世持御嶽 （村番所）
黒島				北神山御嶽	南風保多御嶽			
小浜島			照後御嶽・ 川田御嶽	嘉保根御嶽	仲山御嶽		ナカンドゥ 御嶽	
西表島		前泊御嶽		干立御嶽 ムトゥ御嶽 離御嶽				請原御嶽 三離御嶽 （アカマタ神事）
鳩間島	友利御嶽				新川御嶽			
与那国島				久部良御嶽				

第二章　祈りと祭りの祭祀空間
　　――イビ・拝殿・神庭・参道

一、八重山の祈りの空間・イビ

　八重山の御嶽は、入り口から鳥居、参道、神庭、拝殿(御嶽家)、イビ(威部)の順に構成されている。神々の聖域であるイビは、竹富島ではウブ、波照間島ではマソーミと称する(本稿ではイビと呼称)。拝殿のイビ側の壁は、イビの方向に向かって開かれている。

　神司による祈願はイビから始まる。八重山の御嶽は、特定樹木のご神木を依り代とするものではなく、御嶽林全体を神聖視している。同時にご神像もご神体もないのが、特徴となっている。森の最も奥にあるイビには香炉だけが置かれ、神々の聖域と考えられている。そこは神司だけが入ることが許された「禁忌の聖域」である。

　『琉球国由来記』を見ると「神名嶽名同……御イベ名○○」[42]と表記され、イベ名は神域を表すと共に、神名とも考えられている。

　御嶽の名称が神名として扱われている村もある。川平の赤イロ目宮鳥御嶽、群星御嶽、山川御嶽、浜崎御嶽、底地御嶽の５カ所の御嶽と小浜島の仲山御嶽、西表島の干立御嶽と前泊御嶽などは、「神名嶽名同」、つまり御嶽の名称そのものが神名であると記されている。[43]

　八重山の御嶽は、森全体を神聖な神々の空間と理解して祭祀空間を作っているが、御嶽の名称と神名も同じように捉えたと考えられる。かつて、折口信夫は『琉球の宗教』(1930年)で、「内地の古神道と、殆ど一紙の隔てよりない位に近い琉球神道は、組織された巫女教の姿を、現に保つてゐる」と語り、琉球の王朝祭祀と民俗祭祀に本土の神道の古層を見いだしている。[44]「八重山諸島村落絵図」(1887年)を見ると石垣島の美崎御嶽のイビのペータが、描かれている。

　イビは、清らかな木々が茂る神々の空間として崇められ、男性はイビに絶対入ってはいけない、という強い禁忌がある。御嶽の森の中で、周囲を石垣で仕切られたイビは、祈りの中心地である。竹富島と小浜島の神司は、拝殿からウ

ブに入る時には、裸足で歩くのが決まりだ。10坪前後の広場のような空間は、地面に白い砂が敷かれ、周囲は石垣で囲われている。イビは、地域によって異なる空間構造になっているが、信心深い氏子の嶽人衆(やまにんじゅ)によって、丁寧な石積みの塀で周囲が仕切られた構造になっている。台風や強風に倒れないように積み上げた石の一つ一つを、深い信心の表れと捉えることもできよう。

　御嶽は、清らかな森の中に神々が宿るという八重山固有の宗教自然観に支えられ、神園のような空間造りとなっている。このイビ空間によって人の出入りを禁止したことが森の維持に繋がり、巨木が茂るのを支えている。

　ご神体を持たないことは、本土の神社祭りのように神霊を移した「神輿」の巡幸がないことにも繋がる。お参りも、日常的に行く日本本土の神社と異なり、祭礼以外に訪れることはあまりない。それは祈りの空間として、御嶽の森に畏敬の念を持っているからともいえる。

　前盛義英は「御嶽の基本部(聖域)は、ウブ(イビ)であり、神の宿る所とされて……ウブの周囲を石垣で囲みその入口をペーダ」と説明している。[45]

　石垣島の多くの御嶽のイビは、石積みの塀とアーチ型の小入り口のペーダから構成されている。ここでは神司も立ったままでは入ることができず、膝をつかなければいけない構造になっている。これは人間が神の大前に慎む意味合いがあると考えられる。イビの奥には香炉が置かれている。神司はここでイビの奥の香炉に向かって祈る。

　折口信夫は『琉球の宗教』の中で、「香炉を以て神の存在を示す……而も其香炉自体を拝むのではなく、香炉を通して郷家の神を遥拝する」[46]と記述している。香炉に向かって祈願するのは、香炉を通して見えない神を見出すからだともいえる。

　石垣島と西表島の御嶽には、祠もなく、森や樹木の前に香炉だけが置かれた御嶽もある。イビは神司以外に入ることができない祭祀空間の故に、今日まで開発などとは無縁なものとして、豊かな自然が守られてきた。つまり、八重山のイビは、自然そのものを崇める「敬神・敬森」を形にした自然観・宗教観を表す構造ともいえよう。

　八重山のイビは、表②「八重山の御嶽のイビ空間」のように、三つに分類できる。

表② 八重山の御嶽の「イビ」の空間[47]

イビの空間		御嶽
A 香炉のみ	1) シャコガイ	底地御嶽（石垣島・川平）
	2) 自然石（サンゴ石の香炉）	小波本御嶽（石垣島）、ムトゥ御嶽（西表島・干立）
	3) 人工の香炉（セメント）	米為御嶽（石垣島）
B 仕切りがないイビ		長崎御嶽、名蔵御嶽、水瀬御嶽、宇部御嶽、崎原御嶽
C 石積塀と入り口（ペーダ）：	石垣市	美崎御嶽、天川御嶽、宮鳥御嶽、真乙姥御嶽、大阿母御嶽、地城御嶽、仲嵩御嶽、外本御嶽、小浜御嶽、山崎御嶽、崎原御嶽、崎枝御嶽、赤イロ目宮鳥御嶽、群星御嶽、山川御嶽、底地御嶽、嘉手苅御嶽、真謝御嶽、波照間御嶽、多原御嶽、宇部御嶽、地城御嶽、黒石御嶽、浜崎御嶽、徳底御嶽
	小浜島	嘉保根御嶽、仲山御嶽・佐久伊御嶽、照後御嶽・川田御嶽
	竹富島	玻座間御嶽、仲筋御嶽、久間原御嶽、花城御嶽、波利若御嶽、幸本御嶽、清明御嶽、国仲御嶽、美崎御嶽
	西表島	前泊御嶽、干立御嶽、船浮御嶽、離御嶽
	黒島	北神山御嶽、南風保多御嶽
	鳩間島	友利御嶽、新川御嶽

　「A：香炉のみ」には、シャコガイ（硨磲貝）、自然石、人工のものがある。

　底地御嶽（石垣島川平）の香炉はシャコガイである。小波本御嶽（石垣島）とムトゥ御嶽（西表島干立）はサンゴ石の香炉となっている。

　小波本御嶽は、1923年の写真（『八重山写真帖』20世紀のわだち―上巻（石垣市史編集室、2001年））とほとんど変わらない姿をとどめ、信仰心で守られている御嶽の印象が強い。底地御嶽のイビは、素朴なサンゴ石を積んで囲まれた中に、海から採取した巨大なシャコガイが香炉として置かれている。

シャコガイ香炉＝底地御嶽（川平）

小波本御嶽と米為御嶽の神司の石垣直子氏は、約20年前に神司になる時、石垣島各地の御嶽を参拝の後、拝殿もなく、もっとも自然な形に近い御嶽の神司になることに誇りを覚えたと語る。まさしく、八重山の稲作が始まったと伝わる場所にふさわしい御嶽といえよう。

　「B：仕切がないイビ」では、イビの空間を仕切る石垣がなく、祠と香炉があるのは長崎御嶽、名蔵御嶽、水瀬御嶽、宇部御嶽などである。

　「A：香炉のみ」と「B：仕切がないイビ」の御嶽は、イビの空間へのペータのような仕切りがなく、祠と香炉が置かれている。長崎御嶽は、イビのすぐ背後に宅地が広がり、仕切りは明確でない。名蔵御嶽と水瀬御嶽は、祠が置かれているばかりで仕切りはない。

　「C：石積みの塀と入り口（ペーダ）」では、アーチ塀の小入り口と石積みの塀で囲んでいる形が最も多く、石垣島では25カ所に上る。宮鳥御嶽はイビの中にさらに奥のイビみ繋がる入り口があり、2重のイビ構造になっている。イビの奥にさらにサンゴ石で囲んだ空間を作り、その奥にアーチ型のイビの祠と香炉が置かれている。その他、石垣島の於茂登・ナルンガラや与那国島の久部良御嶽、比川御嶽等は、香炉が置かれている祠が建てられている。また、外本御嶽は、イビの左右にサンゴ石で囲んだ、閉ざされた空間が造られている。このように禁域の空間構造で周囲の木々の植生は守られて、安定しているといえよう。

二、竹富島の御嶽のイビと儀礼

　竹富島の9カ所のイビは、「C：石積みの塀と入り口」として仕切られ、拝殿と繋がっている構造となっている。そこでは人が立ったまま入れる大きな門になっているが、石垣島や西表島のイビ・ペーダの構造とは異なっている。奥にサンゴ石で囲んだイビ道を進むと、最も奥に香炉が置かれて、そこをウブと呼称する。

　竹富島の波座間御嶽のイビには、入り口にやや低い石門の石垣を積んだペーダがある。イビの奥はやや長い道が続き、大きな岩の前に香炉が置かれ、周囲にガジュマルなどの巨木が茂る。そのほかの御嶽のイビは、拝殿

にすぐ繋がる。波利若御嶽、久間原御嶽のイビは、サンゴ石で囲んだ道が造られて、奥に小さな空間があり、香炉が置かれている。

イビの中にさらにサンゴ石で囲んだ道が続き、その奥に広場があり、香炉が置かれている。まるで森の中の「瞑想の空間」にも見える。花城御嶽の拝殿から繋がるイビは、約20人前後が座れる広場があり、その奥に香炉が置かれている。

竹富島では、神司の夜籠り（西塘御嶽、清明御嶽、幸本御嶽）があり、夜を徹して線香を絶やさず祈願する。八重山で数少ない祈願の形式が現在も受け継がれている。

＜竹富島固有の「ウブ開き」儀式＞

竹富島では、イビの中をウブと呼び、その中に入る時に、神司は３枚のフクギの葉で空間を清める儀式をする。フクギの葉の１枚を口に挟み、両手にフクギの葉を持って周囲へ振るような仕草をしながら道を進む。香炉の前に到るとフクギの葉は香炉横のサンゴ石に置かれる。

ウブ開き
フクギの葉でイビを清める＝清明御嶽

フクギの葉を口に挟むのは神への吐息を畏れ、周囲を振り払うのは空間の清めの意味があると神司の神山一恵氏は語る。

防潮・防風・防火樹として、また建築材としても優れたフクギは、八重山では欠かすことのできない樹種だが、そのフクギの生命力でウブを清める儀式である。

竹富島では古くから「フクギの葉は、天に向いて神様を拝むような形である」と伝えられてきたと大山栄一氏は語る。ウブに入る時にフクギの葉を使う儀式は、ほかの島では見られないので竹富島固有の信仰であると考えられる。

国仲御嶽と清明御嶽での神事の際は、波座間御嶽の神司が最初に入り、フクギの葉でお祓いする。その後、神司全員が入り、まずウブの掃除をし

Ⅱ　八重山の御嶽を考える

た後、祈りに入る。

　イビの奥のウブ入りは、1年間に5回（2月祭、4月祭、豊年祭、10月祭、11月ナーキヨイ）あり、神司がウブを開くとその日だけは、神司以外の女性達もウブ入りを許される。

　「ナーキヨイ（根付き祝い）」は、蒔いた種子が根付いたことを祝い、旧暦11月戊・己または甲・乙に行う。お神酒、米のほか、「シュナイ」として、タブナ（長命草）、マミナ（もやし）、マンジュナイ（パパイヤ）、カーナ（海藻を味噌で和えた供物）などの九つの品をお供えする。その際、お神酒と白米（花米）は、供えた後に地面に撒く。各御嶽の神司は、餅米・粟・小豆で神司それぞれが作ってきた「ムチャネ」をお供えする。神司たちがウブを開くと、この日のみ、ウブの中に地域の女性の入域が許される。お供えの準備からイビへの運びなど地域の女性達が行う。これは竹富島だけが地域の女性たちのウブ入りを許している

ウブ入りの神司と女性たち
＝波利若御嶽（竹富島）

ナーキヨイ（ウブ入り儀式）
＝波利若御嶽（竹富島）

ムチャネ餅

ことと関わっているのかもしれない。盛大なお供えの準備が終わるとウブが女性達の祈りや瞑想の「時空間」になるのだと筆者は考えている。

　神事の後、女性たちはお下がりをウブの中で頂く。その後、御嶽家の氏子たちも御馳走になる。ムチャネは、神様のパワーを頂く意味もあるといえよう。この日、ムーヤマ（六山）の氏子たちは、各御嶽の統括者のトゥヌイムトゥ（殿居元）に参る。

　旧暦2月壬の日の二月祭は、『琉球国由来記』に次のような記載がある。

「年中祭事　二月御タカベノ事　由来。万物作終テ、頭数一人ニ付、米五勺宛出サセ、作物之為トテ嶽々ヘ居、祈願申也」

　２月祭は、現在は"草葉の願い"と称し、草木や作物など万物の命が芽生える季節に元気に育つように祈願する祭祀となっている。この日、神司全員と執行部が真知御嶽、清明御嶽、国仲御嶽の順に参拝する。その後、六山の各神司は、それぞれの御嶽に参り、祈願する。
　４月大祭は、旧暦４月の戊・己(つちのえつちのと)の日に粟の初穂を迎えて、夏の収穫期には首尾よく収穫できることを祈る祭りで、魚、鏡餅、酒、米などを供える。幸本御嶽、清明御嶽、西塘御嶽の拝殿では夜籠りをし、翌日は17カ所の御嶽を参拝する。『琉球国由来記』には次のように記されいる。

「四月ニ穂ノ物忌之事　由来。万作物穂見得ヘケレバ、蝗虫付不申タメ、村中一人モ不残、牛・馬迄浜下仕ル也」

　自然のリズムに合わせて、春先に御嶽の神々に作物がよく育つように祈願する祭事である。
　薗田稔は、祭りには祈りが主体の「祭儀」と伝統芸能などが披露される「祝祭」という対照的な儀礼があると考える。そして祭儀は、「俗から聖へのコミュニケーション」[48]と説明する。神々が宿る神域のイビに入り、最も大切な祈りを捧げる信仰は、特定の神像やご神体を持たず、清らかな木々に神が宿ると考えた八重山の人々の宗教的自然観といえよう。

三、小浜島の御嶽のイビ

　小浜島の御嶽のイビは、神司がしゃがんで入るようにサンゴ石で作られた小さな入り口となっている。中に入ると真ん中の空間は、数人ほどが座れる広場になっており、そこに白いサンゴ砂が敷かれ、厳かな祈りの空間となっている。神司は御嶽のイビの奥に入る際には、素足で歩くという。
　嘉保根御嶽のイビの奥には、ビロウの前に香炉が置かれて、タブの巨木

が生育している。真ん中の空間には白いサンゴ砂が敷かれて、清々しい空間となっている。

仲山御嶽・佐久伊(さくひ)御嶽には、神司が素足で歩く道が作られていて、イビの奥にはフクギの巨木の前に香炉が二つ置かれている。その前方には4年に一度の神年にちんちぴ(氏子)たちが、嘉弥真島に渡って祭祀を行い、その帰りに同島の浜から持って来る「かいまねがい石」が何個も供えられている。神への畏れのため、その石を一度も数えたことがないというほど信心深い御嶽といえよう。

照後御嶽・川田御嶽のイビの奥は、ビロウの前に香炉が二つ置いてある。境内は、優占樹種フクギのほか、シークヮサーやタブの巨木、リュウキュウコクタン、コミノクロツグなどが茂る。清らかな森の空間を瞑想、祈りの場所としている。

照後御嶽・川田御嶽のイビ

小浜島の御嶽のイビの奥は、ビロウとフクギが茂り、白い砂を敷いた広場となっている。神々しい樹種が生い茂る空間は、厳かでありながら最も美しい祈りの場となっている。

小浜御嶽(宮良)

四、祭礼空間—拝殿、神庭、参道

八重山の御嶽の拝殿は、イビに向かって位置し、主に神司と氏子たちによる神事が行われる建物である。祭りの時には、神司が見守る中、神庭で数々の伝統芸能が披露される。一方、沖縄本島の「殿・神アサギ」は、御嶽と離れて建てられているものが多い。

八重山の御嶽の参道と神庭は、表③「参道と神庭」のように大きく「A：参道の両脇の森」と「B：神庭」(鳥居から神庭が広がる空間)として分けられる。

表③　参道と神庭

		御　嶽
(A) 参道の両脇の森	石垣島	地域御嶽、名蔵御嶽、水瀬御嶽、仲嵩御嶽、小浜御嶽、山崎御嶽、外本御嶽、赤イロ目宮鳥御嶽、群星御嶽、底地御嶽、崎原御嶽、波照間御嶽、多原御嶽
	竹富島	久間原御嶽、花城御嶽、玻座間御嶽、仲筋御嶽、波利若御嶽、幸本御嶽、美咲御嶽、国仲御嶽
	小浜島	嘉保根御嶽、後照御嶽・川田御嶽、佐久伊御嶽・仲山御嶽
	西表島	三離御嶽、慶田城御嶽・平西御嶽
	黒島	北神山御嶽、南風保多御嶽
	鳩間島	友利御嶽、新川御嶽
(B) 神庭	石垣島	美崎御嶽、天川御嶽、米為御嶽、宮鳥御嶽、真乙姥御嶽、長崎御嶽、山川御嶽
	竹富島	清明御嶽、世持御嶽
	小浜島	嘉保根御嶽、照後御嶽・川田御嶽
	西表島	前泊御嶽、干立御嶽、船浮御嶽、請原御嶽

(1) 石垣島の御嶽の参道

「A：参道の両脇の森」に示された御嶽の神域・イビの森と、神庭から続く長い参道両脇の森は、清らかな自然に畏敬の念を表す八重山の祭祀空間の特徴である。

御嶽参道の両脇がサンゴ石で仕切られていることは、踏圧防止や土壌の流失防止に繋がり、森の保全にも役立つ。宮良地区の御嶽は、参道の両脇の森の生態保全が安定して行われていると考えられる。小浜御嶽の参道は、両脇が石垣で囲まれ、人の踏圧も少なく、生態保全が良い。

「B：神庭」を見ると、森が広がる参道がなく、拝殿と神庭の前に鳥居がある御嶽は、住宅街が広がる集落の中にある石垣島の御嶽に多い。このような神庭は、四箇字の豊年祭などの祭りなどで様々な伝統芸能が奉納される祭祀空間となる。参道に木々がないと台風や強風に影響が受けやすい面もあり、持続的な森の保全の面では今後、後継樹の育成など課題もある。

（2）竹富島の御嶽の参道

竹富島には参道の両脇に森が広がる御嶽が多く、玻座間御嶽、仲筋御嶽、久間原御嶽、花城御嶽、波利若御嶽、幸本御嶽、美咲御嶽、国仲御嶽の8カ所が該当する。参道には白いサンゴ砂が敷かれ、両脇をサンゴの丸石で囲い、人の立ち入りを制限する

参道＝幸本御嶽（竹富島）

ことが明示されている。イビの奥も白い砂が撒かれているが、この白い砂は、神聖な空間を作ると同時に、雑草が生えないようにする効果もある。

玻座間御嶽は、フクギ、テリハボクなどの巨木が茂るが、参道の左側には木々がなく畑になっている。樹木は、戦前に伐採されたと伝わる。

仲筋御嶽は、鳥居の横にテリハボクがある。参道には、フクギ、テリハボク、オオバギ、アカテツ、クロヨナ、クロツグなどが茂る。

花城御嶽の参道には、リュウキュウチシャノキの巨木のほか、フクギ、リュウキュウガキ、テリハボク、コミノクロツグなどが茂る。

幸本御嶽は、境内に竹富島で最も神聖視されるクックバー（小底場）があり、タブノキ、フクギ、テリハボク、アカテツ、クロヨナ、ガジュマルなどが茂る。

久間原御嶽の参道には、フクギ、オオバギ、コミノクロツグなどが茂る。参道の両脇は、サンゴの丸石で仕切られて自然のままの空間となっている。

波利若御嶽は、参道の入り口には、竹富島で最も大きいタブの巨木があり、フクギ、ツゲモチ、リュウキュウガキ、テリハボクなどの木々が茂る。

以上のように竹富島の御嶽の多くは、参道の両脇に石で囲んだ仕切りがあり、森の生態の持続的保全に大きく貢献していることが分かる。

（3）小浜島の御嶽の参道

嘉保根御嶽の参道は、周囲に優占樹種のフクギが茂る。鳥居の横にテリハボクの巨木と鳥居の前にフクギの群生があり、御嶽林の安定した森の生態が確認できる。拝殿の右前には、シマグワの巨木、フクギの巨木6本などのほかに、左側には10年ほど前に木陰を作るために氏子達が植えたガ

ジュマルが茂っている。
　仲山御嶽・佐久伊御嶽は、大岳から流れる小川が入り口にあり、鳥居から橋を渡ると拝殿がある。自然環境を活かした御嶽林で、周囲にはフクギ、イヌマキ、リュウキュウコクタン、アカテツ、リュウキュウガキ、ヤエヤマヤシ（2本）などがある。
　照後御嶽と川田御嶽は、優占樹種フクギのほか、拝殿の左側にシークヮーサーやタブの巨木、リュウキュウコクタン、コミノクロツグなど、多様な植物が茂る。

（4）その他、西表島と鳩間島、黒島の御嶽の参道
　西表島の古見の三離御嶽・兼真御嶽の参道は、ビロウが茂り、更に奥に進むとサキシマスオウノキの群落が広がる。祖納の前泊御嶽もイビの奥はビロウが茂り、鳩間島の中岡にもビロウがある。友利御嶽と新川御嶽の参道は、八重山で筆者が出会った中で、最も神々しい森に包まれていると思われる。また、黒島の南風保多御嶽は、ガジュマルの巨木が入口とイビの周辺に広がる。鳩間島の友利御嶽と西表島の請原御嶽の入口にはアカギの巨木がある。
　八重山では、古くからビロウがある場所には御嶽が多いと言われているが、気候が似ている台湾では、ご神木で最も多いのは、ガジュマルとアカギであり、ビロウと信仰は全く無関係である。地域と文化によって、植物の意味合いの共通・相違点があることは興味深い。

五、御嶽の植生・生育状況と持続保全[49]

（1）内陸御嶽と海岸御嶽の植生[50]
　御嶽の植生は、内陸の御嶽と海岸沿いの御嶽によって異なる。表④「石垣島の御嶽の植生」を見ると、最も多く出現するのは、テリハボクとフクギで、26カ所で確認されている。そのほかにクロヨナ、ハスノハギリ、クワノハエノキが多い。ガジュマル、アコウ、リュウキュウマツ、タブノキ、ビロウなども散見される。

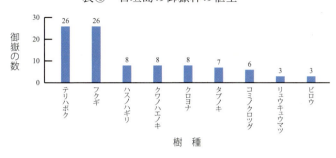

表④　石垣島の御嶽林の植生

　『翁長親方八重山島規模帖』(1858年) には、「櫨紫椿とヤラブ木を屋敷内に植えて、油・ろうや髪油を製造すれば島中が便利になるので、今後は広く植付けて、製油に念を入れ使用分を調達できるよう取り計らうこと」と記され、テリハボクは古くから植栽された。

　石垣島の海岸沿いの御嶽は、白保集落の波照間御嶽、多原御嶽と宮良集落の山崎御嶽、川平集落の浜崎御嶽、底地御嶽、西表の干立御嶽、請原御嶽などがある。

　川平の群星御嶽には、リュウキュウマツの巨木が鳥居付近に多い。赤イロ目宮鳥御嶽もイビには、ビロウやリュウキュウマツが茂る。参道には、テリハボク、フクギなどの巨木が茂る。宮良地域には、明治時代に植樹された宮良川畔の浜川ヤラブ並木 (天然記念物) があるように、八重山に最も適したテリハボクを好んで植樹してきた。

　山崎御嶽は、参道の両脇のハスノハギリ、テリハボクの巨木のほか、フクギ、オオハマボウなどが多く、海岸林・防災林としての役割も果たしている。イビの前や拝殿の周辺は、氏子らがフクギを植栽するという。

　白保地区の波照間御嶽と多原御嶽の参道は、テリハボク、ハスノハギリなどの巨木が茂る。興味深いことに参道の森の入り口に「白保公民館指定文化財　多原御嶽」という看板が立てられている。御嶽内に地域が指定した文化財があるのは、八重山ではここ白保地域だけに限られる。それだけに巨木が生い茂る御嶽は地域が誇る森であり、参道に巨木が茂るように、信仰心で守られていると理解したい。

浜崎御嶽と底地御嶽の前には、川平湾の海が広がり、ハスノハギリ、テリハボクの巨木が並ぶ。底地御嶽は、防風・防潮林の役割を果たすテリハボクの巨木が見事に茂る。

　かつて海沿いであった登野城の天川御嶽、美崎御嶽は、現在もハスノハギリ、テリハボクなど、海岸植物が優占樹種である。同じく海岸沿いの西表島の前泊御嶽には、ビロウの古木が茂る。また、真乙姥御嶽、長崎御嶽、宮鳥御嶽、天川御嶽などに群生しているクワノハエノキは、日本固有種である。残念なことに宮鳥御嶽のイビの前に聳えるクワノハエノキの巨木は、南根腐病で枯死した。

　内陸側の御嶽には、多様な植生が育つ。名蔵御嶽と水瀬御嶽などは、実に豊かな植生が育っている。名蔵御嶽は、オオバアコウの巨木が拝殿の前に聳え立ち、フクギ、タブノキ、センダン、ヤンバルアカメガシワ、シマグワ、リュウキュウハリギリなど多様な植生がある。

　小浜島の嘉保根御嶽、仲山御嶽・佐久伊御嶽、照後御嶽・川田御嶽には、フクギの優占群落が目立つ。おそらく、人工的に植栽されたと考えられる。

　海岸沿いの御嶽林は、台風や大津波の防災林として実質的役割を果たす一方、航海安全を祈願する信仰も伺える。宇部御嶽、黒石御嶽などには、外来種のヤシの木が植えられて、近年、景観を意識した植栽がみられる。

（２）風水とリュウキュウマツ

　「八重山諸島村落絵図」(1887年) を見ると集落を囲むように木々が植えられている。八重山では風水思想が伝来してからさらに集落における風水や防災の観点による植林が行われてきた。風水と関わる植樹記録は尚敬王時代 (1713～51) に三司官蔡温が伝授した『杣山法式帳』[51]や鄭良佐『北木山風水記』[52]が知られている。それは風水の「抱護の情」にそった図に基づいて、木々を植え、伐採を厳しく禁じた記録である。

　そのほかの風水と関連した植林記録としては、1858年に首里王府から八重山に布達された『翁長親方八重山島規模帳』に、以下のような興味深い記録がある。

「仮屋々寺敷番所々其外抱護浜抱護屋敷囲樹木仕立方ニ付而。今形而ハ風水之故障ハ勿論……以来屹与時節見合、松其外相応之諸木植付サセ、指護堅固相成候様可取計事」[53]

　番所など抱護すべき所に松などの木々を植えることは、風水はもちろん、自然災害から建物等を守ることを意味している。抱護の思想では村落や家の周囲にフクギや松を植えることを、村抱護と呼ぶ。また、「浜抱護」は海岸沿いに樹木を植えて潮風から村を護ることであるという。[54]

　さらに、村では強制的な罰則として松の木を植えさせられる「科松」[55]という規定があった。村の規程に違反した者は、植樹させるという規定である。1910（明治43）年の記録を見ると「科松」[56]という規定を通して、松苗1～2尺（30～60cm）のものを50本、村の指定した抱護林の地域内に、村の係員立会いの下に植えさせた。集落の周辺に木々が茂っていたことが古地図を見てもわかる。かつて、村人は、「○○松の下、○○松の後ろ」などと目印にしたことも多かった。

　四箇字には戦前まで美しい松林があったが、多くは、太平洋戦争の時に陣地建築材として伐採されたと伝わる。

　川平の主要道路の入り口には、「スクマ松」と呼ぶリュウキュウマツがある。海止め山止めに続き四日目に行い、稲の収穫を報告し、各御嶽で初上げを供える「スクマ願い」がある。これはスクマ願いの日に御嶽での祈願の後、赤イロ目宮鳥御嶽と浜崎御嶽の神司によって行われる。スクマ松が稲の耕作に通う住民を常に見守っていたおかげで収穫が始められたことを報告し、松のように栄えることを祈願する。スクマ松は、稲作に通う道の村の入り口、ウラバリ（外田方面に通う道路）と浦田道の道端に植えられたという。

スクマ願い
（写真提供：糸数靜雄氏）

元の松は、枯死したが県道の開通によって、位置を変えて昭和50年5月20日3本の松が植えられたという。その後、周囲の木々が鬱蒼と茂り、スクマ松が見えなくなった。2017年に地域の長老たちからスクマ松の姿が見たいとの要望が区や行政に寄せられ、周囲の木々を切り、その姿が見えるようになったという。しかし、松の材を好むシロアリの被害もあり、近年は、松枯れが増えているという。地域の信仰を集めるリュウキュウマツの持続的保全が課題といえよう。

（3）御嶽の保全と課題

　御嶽は、集落の開拓、災害、文化伝来など地域誌が刻まれた空間である。さらにイビを中心とする森の中の祈りの空間であり、祭りを行う祭祀空間でもある。また、地域の伝統芸能や文化の伝承空間でもある。

　2018年現在、各地の御嶽林は、開発や地域を超えて広がる植物の病気の蔓延と害虫、異常気象など、自然であるが故に直面する「生態課題」に迫られている。

　現在、宮鳥御嶽、真乙姥御嶽、名蔵御嶽など、台湾や南諸島で猛威を振るう「南根腐病」が広がっている。石垣島では、1988年にモクマオウ、テリハボクなどで南根腐病の感染が発見された。1974年に宮鳥御嶽を訪ねた司馬遼太郎が「リュウキュウチシャノキなど、どれも天然記念物級の巨木で、僅かに5〜6本でも鬱蒼な森」と記した宮鳥御嶽の天然記念物のチシャノキも2007年に枯死した。

　南根腐病の処置方法として、台湾の研究者・傅春旭によるDazomet（邁隆・殺菌剤）の燻蒸消毒と淹水（浸水）処理の効果が報告されている。日本でも南根腐病の研究が進んでいるが、薬剤はまだ確定していない。台湾では、南根腐病が原因で多くの老木、貴重な木々が枯死している。その多くは人間が活動する周囲の公園、学校など、人間との身近な接触の場所で多く発見されるという。

　傅春旭は、「八重山の御嶽と保全」（2017年12月10日）のなかで、樹木が枯死した後は、裸地草原（樹木が育たない土壌）になると報告している。

　南根腐病治療の原則として、①感染源を根絶する②感染土壌に植栽をし

ない③感染した根と土壌を除去して良質土と入れ換える④早期発見、早期治療する――を勧めている。さらに造林地や都市の樹木は、燻蒸消毒する。貴重な老樹は、外科治療するという方法も説いている。

一方、森陽一(福岡県樹木医会代表理事)は、次のような提案をしている。

> 「枯木は、シロアリを呼び、病気も呼ぶ。感染源とならないための維持管理に①枯木枝は放置しない。感染源の除去(病害虫の巣窟となる)②病害の兆候(葉の黄化、枝先の枯れなど)を見逃さない③直ぐ処理(早期診断と処置)、早ければ早いほど治りが早い」

西表島の祖納集落では、古くから「祈りは、神司が、宮の管理は男衆が行う」と伝えられてきた。倒木や枯損木処理などに必要な管理は許しを得て行ってきたと言う。しかし、このような伝統が受け継がれている御嶽は少ない。そのため病原菌やシロアリの広がる原因となる倒木・枯れ木をそのまま放置する例が多いようだ。

現在、各地の御嶽には、都市化や開発による木々の伐採など、人為的課題もある。御嶽の管理は、公民館や字会を中心に行っているが、保護樹林地の指定は一カ所もない。病虫害などの専門知識や技術を必要とする場合は、行政の支援も重要である。都市の緑化確保の名目で公園化などが進められているが、御嶽林の過度な整備による空間変容は、森を敬う御嶽の持続的保全を崩すことにも繋がる。

第三章　八重山の祭り

　祭りについて、薗田稔は『祭の現象学』で、祈りが主体の「祭儀」と地域の伝統芸能などが披露される「祝祭」を対照的な違いとして説明している。祝祭は「集団の融即状況（コミュニタス）において、世界観が実在的に表象する」という。⁽⁶⁴⁾
　日本には、空間を移動する浜降りや神幸祭の祭りがあり、空間巡回は地域を囲む自然環境の人々の理解が表れると考えられる。八重山の豊年祭では、祭儀に当たるのはオンプーリィ、祝祭に当たるのはムラプーリィの視点で見てもよい。

一、石垣島の豊年祭

　八重山の祭りは、沖縄本島のカミンチュ（神人）を中心とする神歌・芸能奉納とは異なり、老若男女、ほとんどの村人が参加する形式となっている。
　豊年祭の第1日目のオンプーリィは、各々集落の御嶽で「厳かな儀礼」が行われる。お供えとイビの中での神司の祈り、氏子や嶽人衆、そして地域の有志におけるミシャグパーシィ（神酒奉納）が行われる。
　2日目は来夏世（クナツユー）の五穀豊穣を願うムラプーリィの豊年祭を真乙姥御嶽で、合同で行う。伝統芸能（巻き踊り、水主・獅子舞、太鼓打ちなど）、鎌払いや稲作の動作（田打、稲しり、精米の籾摺りなど）、旗頭、武術、ツナヌミン、ミリク行列と続き、最後に全員が参加する大綱引きが行われる。⁽⁶⁵⁾

（1）四箇字（登野城、大川、石垣、新川）
　豊年祭は、五穀豊穣に感謝し来夏世の豊作を祈願する。石垣市は、旧暦6月の壬（みずのえ）・癸（みずのと）の未（ひつじ）・午（うま）の吉日に一斉に四箇字（登野城、大川、石垣、新川）の集落が合同で行う。
　豊年祭の創設について牧野は「大津波（1771年）の数年後、沈滞した農民の志気を鼓舞し、稲作生産の飛躍的な増大をはかるためと思われる」と書いた。⁽⁶⁶⁾ かつて石垣島には石垣と登野城の二つの集落があったが、1757年に

石垣村から新川、登野城から大川が分かれた。四箇字に分立した石垣間切は「豊年祭」を新しい祭りとして合同で行うことになるが、これは争いを避けて島を一つに融合させる意味合いがあったと考えられる。(67)

①お供え

石垣島は、豊年祭が始まる約１週間前に稲など作物の収穫を終えたことを感謝し、願を解く儀礼として「世ぬ首尾(ゆうしゅび)」を行う。この日は、神酒、お米、カンガンムチイ（ウチャヌクともいう三重鏡餅）、ムディムチイ（細長餅）などと「ブンヌスー」と呼称する９つの椀に盛り付けた和え物を供える。材料は、モヤシ、パパイヤ、サフナ（長命草）、カンゾウ、ツノマタ、イボグサ、インミズナ（ミズヒユ）、クバン（グルクン、干魚）、スベリヒユである。これらの材料は、ミソ、ニンニク、胡麻で和えて、９つの塗り椀に盛り付け高膳に載せて供えられる。ここでは、石垣島の崎枝のお供えを取り上げる。

お供えには、それぞれ意味がある。マーミナは発芽が早いため繁盛を象徴する。パパイヤは四季を通して実をつけ栄える。サフナ（長命草）は縁起の草。ファンサ・イシャヌメー（いぼぐさ）は田畑で神様が作り土の神が育ててくれたもの。ツノマタは龍宮の神様が育てた海藻とされる。つまり、ブンヌスーは、里で採れた野菜・野草と海で採れた海藻や魚など、陸と海の八重山の自然の恵みを神様へ感謝の心を込めて供えるものである。

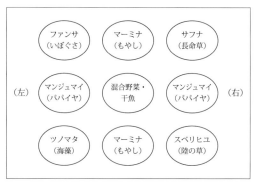

表⑤　お供えの和え物「盆ヌスー」

供え物の盆＝崎枝御嶽（崎枝）。ファンサは子の方向（盆の左上）、長命草は寅の方角（盆の右上）。写真提供：石垣千彩氏(68)

　豊年祭のお供えを当日に供える場合と違う日に分離して供える地域があり、その場合「世ぬ首尾」という形式で事前に行う。豊年祭は、神酒や旗頭、綱引き、芸能奉納など、祭りに必要な様々な準備が必要でとても多忙である。そのため、材料や準備に手間がかかる９つの椀のブンヌスーなどを事前に行うことで、豊年祭が順調に進むように工夫された形式とも考えられる。

　祭りのお供え物は、地域ごとに内容が少し異なるが９つの和え物を供える共通点がある。八重山全体にいまあるお供えの文化は、島や地域ごとに影響し合いながら伝承されたと考えられる。

　②ミシャグパーシィ（神酒奉納）
　豊年祭の初日は、ほとんどの御嶽は、神司によるイビでの祈願と氏子達による神酒奉納が最も重要な儀礼として行われるが、各字によってその形式は異なる。石垣、新川、大浜、白保などの各字では、氏子と神司が向かい合って座わり神酒を奉納する形式である。
　字石垣の「ウフミミシャグパーシィ」を見ると神酒を神司が頂くことが歌と仕草に表れている。給仕が「宮鳥御嶽の御神の御蔭で　稔る世　実入世を給われて囃しましょう」と歌うと、神司は「今年だから中作の世を給わり　来年は満作の世を給わり　重ね重ね給わった御神酒を頂きました」と答える。給仕は、「その御願いの御神酒を差し上げました」と歌う。
　字登野城では、神司が見守る中、「客と給仕」（４名）が独特なリズムの動作と手を叩きながら豊作を祈り、歌いながら神酒を交わすことが特徴であ

Ⅱ　八重山の御嶽を考える

お供え（大浜・カースンヤ浜）

豊年祭のイビ（マソーミ）のお供え（波照間島）

神酒奉納＝宮鳥御嶽（石垣）

神酒奉納＝米為御嶽（登野城）

る。長老による「ミシャグパーシィ」の神歌を見ると、接待する側と考えられる給仕が、米を作る共同作業、豊作の報告と来年の稔りの神歌を歌い、神酒を注ぐ。客は「御神酒を、讃えはやすと世（来夏）は稔る」と答えて酒を飲む。最後に、給仕が「どうぞお受け下さい」というと客は「豊年の喜びを申し上げます」と応じる。[69]

　米為御嶽では、客は字会長や来賓で、給仕は祭祀係である。天川御嶽は、客は長老で、給仕は同じく祭祀係で、互いに向かい合う。客を来訪神に見立てて、給仕の歓待による豊穣の獲得の象徴的構造と考えられる。

　一方、米や粟作り、酒が作られることは、地域社会の融合や人間同士の協力とニライ・カナイから訪れる神々への感謝を表している。

　　　1　給仕　ケーラーマイヌ　イシナグヌヨ　ウニガイ
　　　　　：ケーラ（皆の）米の石（実入り）のお願いです。
　　　　　カントウマス　ウイトウマスヌヨ　ウミシャグ
　　　　　：神を鳴響ませる、上を鳴響ませる御神酒

2　客　　ウフグラン　チインツィケヌヨー　ウユワイ
　　　　　　：大倉に積み置きの祝い
3　給仕　ナカザラヌ　ウミシャグ
　　　　　　：中皿の御神酒
　　　　ヒーハヤシバドゥ　ユーヤナウル
　　　　　　：（枕囃子）はやせばこそ世はなおる（稔る）
　　　　ナカザラユ　ハヤシバドゥ
　　　　　　：中皿を囃せばこそ
　　　　ユーヤナウル
　　　　　　：世は稔る
　　　　ヒーウヤケ　ユナホージャガ
　　　　　　：囃子
4　客　　ニーウスイヌ　ウミシャグ　ヒハヤシバドゥ
　　　　　　：根覆い（粟）の御神酒はやせばこそ
　　　　ユーヤナウル
　　　　　　：世は稔る
　　　　ヒーウヤケ　ユナホージャガ
　　　　　　：囃子
5　給仕　アマイ　ユナホージャカ
　　　　　　：甘い　世稔る
6　給仕　ニーウスイヌ　ウフシャグ　ンマサカバサ
　　　　　　：根覆い（粟）の御神酒美味しさ香ばしさ
　　　　ヨンナ
　　　　　　：囃子
7　客　　ウヤキヨウ　ウマサー　カバサヨーンナ
　　　　　　：富貴の　美味しさ香ばしさ
8　給仕　ウキイテタボーレー
　　　　　　：（どうぞ）お受けください
　　　　ヨンナ
　　　　　　：囃子

166

Ⅱ　八重山の御嶽を考える

　9　客　　ウヤキヌブジャ　ウーシヤレー
　　　：　富貴のブジャ（未詳）　申し上げます

　1477年2月に朝鮮の済州島から八重山に漂着した金非衣らの記録（『朝鮮王朝実録』1479年6月10日）に次のように記載がある。

> 「濁り酒があり、米を水に漬けて女性に噛ませてお粥にして木桶に入れて作る……主には稲米で、粟があっても好まず……収穫の前は謹慎して大声で話さず……盗賊がなく、道に落ちたものを拾わず、お互いに大声で争わず。子供を撫愛し、たとえ泣いても手を加えず。彼らと言葉が通じなかったが、長くその地にいて少し通じるようになった。私たちは故郷を思い出し、よく泣いたが、島人は新しい稲を抜いて昔の稲と比べて見せて、東に向けて吹いた。その意は新しい稲が熟する時期には必ず帰れるということだと思った」[(70)]

　「專用稻米。七八月收穫。未穫前，人皆謹愼，雖言語亦不厲聲」というように収穫の前は人々が行いを慎み、収穫後は豊作を祝うなんらかの祭祀があったと考えられる。

③旗頭

　豊年祭で最初の奉納は、旗頭から始まる。旗頭は、各字の紋様とともに文字が記されている。たとえば慈雨（大川）、五風十雨（石垣）、天恵豊（登野城）、請福（新川）などで、恵みの雨と豊年祈願が多く見られる。

　宮鳥御嶽では、旗頭を大きいお供えの意味の「大供物（うふくもつ）」という。「新暦1月2日、初興しとして旗頭を立てて、地域の安寧と人々の無病息災を祈る」と神司・小川喜美江氏は言う。旗頭は人間

宮鳥御嶽の初興し
（写真提供：向井克氏）

表⑥　各字の旗文字

字	旗文字
石垣	五風十雨・風調雨順
登野城	天恵豊・神穂花
大川	慈雨・瑞雲
新川	請福・祈豊
平得	慈雨
大浜	豊穣（下の村）　瑞雲（上の村）
白保	トゥール頭：五風十雨 スムヤ頭：祈豊年
川平	祈慈雨　祈豊穣

社会の思いを文字にして神々に空高く届ける意味合いだと考えられる。若い男子によって重さ20kgもの旗頭が勢いよく空高く持ち上げられ、絶対に地面に落としてはいけないとされる。その必死な動きを見ていると、男子の成人儀礼のようでもある。

④伝統舞踊とガーリ

穂花上げ儀式、子供たちの参加の舞踊や太鼓打ちと女性たちが規律正しく踊る巻踊りは、1953年に米為御嶽の神前において奉納されたのが始まりで、その後、天川御嶽にも奉納するようになった。[71] 巻踊りと「あらばちゃ」の歌は、ほとんど同じ内容である。大綱引きの前に、綱を引かない女性だけで行う「アヒャー綱」儀式が行われる。男綱と女綱を結び合わせるブルピトゥ（棒貫人）を持つ女性は、夫婦そろって元気な人が選ばれる。

⑤「五穀の種子授けの儀」と綱引き

神司から棒貫に力を授かり綱に差し込むと女性達のガーリ（乱舞）が始まる。これは子孫繁栄の意味合いがあるとされる。夕方の「五穀の種子授けの儀」は、東から農の神、西から神司が、地域住民らに担がれて登場し、農の神が神司へ五穀の種子を授けるという設定となっている。

続いて東西から選ばれた農民と武士が板敷に乗って戦う勇壮な「ツナヌミン」がある。最後に大綱引きは、雄綱（東）と雌綱（西）で綱を引くことで

あるが、西が勝てば豊作と言われている。西は地形が低いので最初から西が勝つように設定されているという。

（２）大浜の豊年祭[72]

豊年祭は、１日目は各御嶽でフーバナアギィ（初穂上げ）、角皿（神酒奉納）が行われる。供え物は、餅（芭蕉や月桃の葉で包む）、アライパナ（白米）、カンクバン（干し魚）、スナイ（和え物）、ミシャグなどである。スナイは、海と山の幸をみそで和えたものである。

崎原御嶽では、神司、カンマンガーやパカニンジュ（氏子）による角皿の歌に合わせた神酒奉納がある。崎原御嶽の拝殿には角皿の歌詞の扁額が掲げられている。

「黒の角皿」
「いしなぐぬ本すいぬうみしゃぐ　きら米ぬけらいぬうみしゃぐ　神清ますうい名とうり御祝　ぴやしょう　ぴやしょう　世わなうれ世すなうれ　根うすいぬうみしゃぐ　ゆうはやしばどぅ世やなうれ……」

黒石御嶽の角皿の歌詞

翌日の２日目は、カースンヤ浜で「東節(アガリ)」を歌いながら世乞いの「カースンヤ願い」を行う。オーセー（番所）で、旗頭奉納、イルク太鼓の後、「弥勒節」に合わせてミリク行列が練り歩く。

カースンヤ浜の祈願（大浜）

(3) 白保の豊年祭 ⁽⁷³⁾

白保集落は、明和の大津波で人口1574人のうち1546名が死亡し、波照間島から418名を移住させて村を再建させた。

波照間御嶽は、津波の後、波照間島からの移住の人々が阿底御嶽（アスクオン）から勧請したと伝わる。

豊年祭の日取りは、神司がオースクマニンゲイ（初穂願い）といい、集落の7カ所の水田（バリ）の稲の成長の状況を見計らって決める。オースクマニンゲイは、初穂を供えて四つの御嶽の神司が東の海に向かって祈る。

豊年祭の1日目は、バンプドゥキ（願い解き）、供え物は、クンゴーパナ（九合花）という米升、粟1升をグシ（大神酒―泡盛）、クパン（乾魚）、ピン（ニンニク）、米ミシー対を高膳に載せたククヌブン（九椀）、ナナツヌブン（七椀）というマーガリスー（椀の供え物）である。

2日目のブープーリン（大きい豊年祭）は、収穫した作物を神に捧げて感謝する日である。ヤマニンジュによるスヌザラ（角皿）、ニウシイ（粟ミキ）などが謡われる。男女ともにマミンガーというコミノクロツグの葉を頭に巻き、女性は内側、男性は周囲で踊りながら、巻き踊りの歌を歌う。

「アーリヌドゥカラ」
「アーリヌドゥカラ　フニヌオールンチョウナ　ナユシャルフニヤリオールネー　イカシャルフニヤリオールネー　アワダーラドゥ　マワショウールヨー　クミダーラドゥ　シラフムラ　ウイナカヨー　マジャムラヌウィナカヨー　ミルクユバ　タボラレ　ユガフユバ　タボラレ」
（訳：東の海から船が来る　何処の船であるか　如何なる船であるか　粟俵を積んで来られる　米俵を積んで来られる　白保村の上に　真謝村の上に　ミルク世を賜り　果報の世を賜り）

「インケラ」
1、インケラヌ　カナブジ　ヒヤ　ユバナウレ（海人のカナ伯父さん）
2、アンヌミバ　シダショウリ（網を仕立てられ）
3、ヤスヌミバ　クヌミョウリ（八十目網を作り）

4、シムヌバダ　ウルショウリ（下の海に下して）
　5、アリヌピーニ　バイタテ（東の干潟に張り立て）
　6、フクラベヌ　トンマベウ（フクラバ（カワハギ）の頓馬者
　7、アンヌミバ　シラナーリ（網の目を知らないで）
　8、アンヌミニ　フブラーレ（網の目ニ縛られ）
　9、ヤスヌミニ　フブラーレ（八十目網に縛られ）
　10、スクラユウヌ　フブラーレ（スクラ（ボラ）魚の利巧者）
　11、アンヌミバ　シリブリ　（網の目を知って）
　12、アンヌミバ　トビクヤー（網の目を跳ね超えて）
　13、ヤスヌミバ　トビクヤー（八十目網を跳ね超えて）
　14、シラフムラ　バガムゥーヌ（白保村若者）
　15、シラフムラ　ウイナガ（白保村の上に）

　このように、豊年祭の神歌「アーリノドゥカラ」は、海の彼方からの来訪神によってもたらされる稲の豊作が謡われる。そして、「インケラ」も海の彼方からの豊漁の世果報が歌われる。波照間島から移住の歴史を持ちながら、海に面した白保集落ならでの世界観が表れるといえよう。
　３日目のエンヌユーニゲー（来年の世願い）は、嘉手苅御嶽の前が舞台となり、様々な芸能と行列が並ぶ。３世代の夫婦が揃ってミルクを被る「ミルク行列」がある。また、旗頭奉納、イルク太鼓打ち（白保中学校）の奉納があり、弥勒加那志来訪などが唄われる。

「白保村上なか弥勒世ば給られ（ゆらてーく　ゆらてーく　踊り遊ば）、稲粟の稔り常にゆいん勝らし、首里天加那志御物　御残いぬ稲粟、泡盛んまらしょうり　うんしゃぐん作りょうり」

白保婦人会による白保節の奉納もある。

「白保村上なか弥勒世ば給られ　二、稲粟の稔り常にゆいん勝らし　三、首里天加那志御物　御残いぬ稲粟　四、泡盛んまらしょうり　うんしゃぐん作りょうり……」

171

「稲の一生（奉納行列）」は、1949年に新川村の豊年祭を参考にして作られた。集落の５つの班によって、①アブシバライ・田打ち・種蒔き・稲植え②田草取り・稲刈り・脱穀・籾俵運搬③ウタマムレ・稲シリ・稲シサギ④新安里ユンタ・ヨイシン（米俵奉納）⑤うるずんの唄・ヘリコプターによる害虫駆除という順番で行列が進む。そして祭りの最後に大綱引きが行われる。

（４）川平の豊年祭

川平の豊年祭は、ウブ入りの儀式から始まる。供え物は、クバン（乾魚）９尾のダギクバンである。魚は、シチューイズ（クロメジナ）である。そのほかにニンニク、フーパナ（花米）、ミシャグ（神酒）などがある。

オンマイル（御嶽参り）は赤イロ目宮鳥御嶽から出発し、群星御嶽、山川御嶽、赤イロ目宮鳥御嶽、浜崎御嶽の順に拝順する。群星御嶽では、ウブ入りの神司たちの祈願の後、男性給仕による「プーリィヌウミシャグ」の歌が唱えられ、終わると神司・老女たちはミシャグを飲む。

男給仕は、早野屋と南風野家出身の人に向き合い、ウミシャグの歌を歌い、ミシャグを両人に捧げる。女性給仕による「プーリィヌミシィミシャグ」（神酒奉納）の歌が終わると神司・老女はミシャグ（神酒）を飲む。その後、「アカルカーラ」[74]を歌いながら、神元家・早野屋（旧南風野家）に向かい、早野屋の庭で「アーパーレン」の歌に合わせてガーリとなる。

  １．アカルカーラ　チュールフニヤ　バガユヌ　トンキャーラ
    （東の洋上から　舟は我が世に富をもたします）……
  ２．イカシャカラ　来ル船ヤ
    （如何から来る舟か）
  ３．ヤユシャカラ　来ル船ヤ
    （何処から来る舟か）
  ４．片クビヤ　粟ジラドゥ　ヌシャーオール
    （粟を載せて来る）

5．片クビヤ　米ジラドゥ　チミャーオール……
　　　　（米稲を載せて来る）
　　10．粟シニヤ　粟酒ユ　マラショウリ
　　　　（粟では粟酒を造り）
　　11．米シニヤ　米ミシャグ　キイラショリ……

　赤イロ目宮鳥御嶽では、「アカルカーラ」を歌いながら、トニムトゥ家（大浜家）に向かう。庭では「アーパーレン」を歌いながら円陣舞踊とガーリとなる。また、若者によって旗頭が持ち上げられて、集落内を練り歩く。川平太鼓は、1700年代、平田英盛（士族）が中国に漂流して生還した際に、中国から伝えたと言われる。また、棒術は、仲間満慶山英極に始まると伝えられる。⁽⁷⁵⁾

二　竹富島の祭祀

（１）種子取祭・結願祭と伝統芸能

　竹富島の伝統芸能は、主に清明御嶽の結願祭と世持御嶽の種子取祭で奉納される。御嶽の大きな祭祀は、年４回（４月大祭・９月大祭、西塘祭、豊年祭）の祈願が中心となる。伝統芸能が奉納されるのは清明御嶽の結願祭と世持御嶽の種子取祭である。種子取祭（1977年国の重要無形民俗文化財）は、各御嶽で個別に伝統芸能を奉納せず、世持御嶽に集約されている。種子取祭の芸能には玻座間村と仲筋村の競演と、各村が一丸となって行うものがある。この一丸となって取り組む「うつぐみ精神」は、古くからのものと考えられる。

　昔、玻座間村の「根原金殿」では、６名の酋長が３組に別れて別々に種子取祭を行っていたが、民財の消費が大きいため、６人の酋長が心を合わせて行事を行なったほうが竹富島の将来のためになると協議し、共同で行うようになったという。今でも竹富島では「かしくさやうつぐみどぅまさる」と言う。うつぐみとは一致協力することにまさるものはないという教えである。⁽⁷⁶⁾

種子取祭は、種を蒔き、それが無事に育つことを祈願する祭りであり、同時に伝統芸能の祭りでもある。1日目は35演目、2日目の舞台芸能は29演目で、2日間で70演目を超える伝統芸能が披露される。この期間は島を挙げての大賑わいである。奉納芸能では、華やかな「舞踊」(女性)、「狂言」(男性)が行われる。(77)

(2) 豊年祭

　竹富島の豊年祭は、旧暦6月第2の壬・癸に行う。1日目の「六山」のオンプイは今年収穫した米・粟で神酒を造り、早朝、国仲御嶽、清明御嶽、西塘御嶽に参り、豊年感謝の祈願の後、午後からは、六山御嶽(玻座間御嶽・仲筋御嶽・幸本御嶽・久間原御嶽・花城御嶽・波利若御嶽)に参詣する。供え物には珊瑚菜(サプナ)・海藻(ツノマタ)・マミナー(もやし)、マンジュマイ(パパイヤ)などを味噌和えして高膳に飾り、大瓶の神酒大神饌(ウフミシャグ)などを供えて九十九拝の

根を覆うように実った粟(小浜島)

豊年祭の道唄＝玻座間御嶽(竹富島)

拝礼式を行う。また、六つの御嶽を廻って参拝する。御嶽の神庭で氏子たちは、「神酒の歌・オミシャコ」を歌う。(78)

　　　　うやがんぬ　まむるすぬ　みぶけん
　　　　　(親神の　守護の　ご覧になる)
　　　　うらんちぬ　しらなみぬ　おみしゃこ
　　　　　(倉に満ちた　白波の　お神酒)
　　　　はたむらし　なかむらし　むやすい
　　　　　(大皿の端に盛り　なか盛り　盛り)
　　　　にうすいぬ(79)　おみひゃこ　はやせーばどぅ　ゆーやのーる

174

うやき　ゆーやのーしぬ
　　（根覆い（粟）お神酒　世は稔る　富貴の世は稔る）……」

　豊年祭２日目の「トゥヌイプイ」は、六つの御嶽の外に参る。恵みへの感謝と１年間の豊穣を祈願するユーニンガイ（世願い）の儀式で、ニーラン神石と竹富島最高の聖地と言われるクックバー（小底場）を参拝した後、真知御嶽、清明御嶽に参る。バシャシン（芭蕉衣）の神衣装は、ユーンカイ（世迎い）とタナドゥイ（種子取祭）、トゥヌイプイの年に３回のみ使用される。

三　西表島の祭り

（１）祖納集落の節祭(80)

節祭は、『琉球国由来記』巻二十一に次のような記述がある。

　　「七・八初中ニ己亥日、節ノ事由来。年帰トシテ家中掃除、家・藏・辻迄改メ、諸道具至迄洗拵、皆々年綱ヲ引キ、三日遊ビ申也」

　また、『八重山島諸記帳』には次のような記載があり、若水による清めが伺える。

　　「七八月中己亥日節仕候是は、年迎として家内外掃仕家藏の辻を改芝を結若水を取浴申候也」

　西表島祖納の節祭は、旧暦８月（己）の吉日に前泊御嶽で行う。初日は、トゥシヌユー（年の夜）といい、年越しの準備を行う。各家では、砂利を撒き清めて、シチマシカッツァを柱やあらゆる道具等に巻いて清める。２日目は、前泊御嶽で神司の祈願から始まる。ムニカザリ（祝詞）の大意は、「前泊御嶽の神様　お迎えのパナを上げ……巡り巡って来て　島当たり村当たりから世の願い……大きい海、美しい海から……ミリク世、福の世作り受けさせて下さって……」である。そして、前泊御嶽の前の浜で世乞い行事

が行われる。神に扮するミリク（49歳男性）と黒朝衣装（クルチョウ）の女性のアンガー行列、フダチミ（麻布で全身を覆う衣装）が奉納される。さらに浜では「舟浮かべの儀式」があり、ニライ・カナイの神々に五穀豊穣とミリク世を祈願して舟を漕ぐ。舟漕ぎは２回行い、１回目は神事「ユークイ」（世乞い）で、厳かな祈りの船漕ぎである。遥かなる海からの神を祝う歌「ウシマユ・ミリクユ」、「船乗り祈願歌」を歌う。

「船乗り祈願歌」
1、ヒヤーキュヌヒーバ　シラビョーリ（今日の日を調べなさり）　エーエーサー　コーバーエーナー（囃子：漕ぎましょう　＊繰り返し）　ユーバーコーナー（囃子：世を乞いましょう　＊繰り返し）
2、ヒヤー　ウシマユーバマチウキ（大島世を待ち受け　囃子＊繰り返し）
3、ヒヤ　ミリクユーバ　タボラリ（弥勒世を給わり）　エーエーサー　コーバーエーナー（囃子：漕ぎましょう　世を乞いましょう）」

　２回目は、赤組と白組の船子達が全力競い合い、船を漕ぐ「舟漕ぎ競漕」が行われる。八重山民謡「まるま盆さん節」に歌われる風景画のように美しい「まるま盆さん」を周って来る。その際、浜辺ではアンガーの女性達がサーサーサと精一杯声援を送る。爬龍船は、船乗り祈願歌・弥勒節歌のように豊穣をもたらすニライ・カナイからの「ミリク（彌勒）」を迎え、豊穣や幸せを願う。その後、海の彼方の弥勒世によってもたらされる世果報の世のミリク（彌勒）行列と「弥勒節」が歌われる。

節祭のミリク＝前泊御嶽（西表島祖納）

> 「大国の弥勒は　わが島にお出てになり　今年から我が島は　世果報である　米を作っても稔らし　芋を作っても稔らし……弥勒世があってこそ　世果報の世があってこそ　臼数の米はたんと搗かせ……」

　そして、船元の婦人のアンガーの「キユヌフクラシャ（今日の誇らしさ）」が歌われる。
　爬龍船の後、仮舞台では様々な奉納芸能が行われる。節祭の最終日は、太平井戸(うひらかー)で水恩感謝の儀式が行われ、お酒、お餅などを供える。旗頭衆によって歌われる「キユヌフクラシヤ」は、かつて集落の人々の命を支えた「大平井戸」への感謝の思いを歌う。(81)

（2）干立集落の節祭

　干立の節祭は、金座山のムトゥ御嶽の祈願から始まる。そして、干立御嶽の前の浜で海の彼方から来訪神・弥勒世を迎える神事が行われる。浜では、舟子や女性達によるヤフヌティ（櫂(やく)の手）の歌と儀式から始まる。ヤフヌティ歌の大筋の意味は、「今日の良い日和

干立集落の節祭

を基にして　黄金の吉き日に根付して　弥勒世のお願いを　世果報の世をお願い　今年作付する稲粟は　数珠玉のように鈴なり……」である。その後、「船のジラバ」が謡われて東組と西組の船漕ぎが行われる。(82)

> 「船のジラバ」
> 1．キユヌピバ　ムトゥバシ（今日の良い日和を基にして）　ナーイーサー　ナーイーサークークユク　ユークーエーロー（＊囃子　省略）
> 2．クガニピバ　シラビョウリ（黄金の日を調べなさり）　＊囃子
> 3．ミリクユバ　タボラルリ（弥勒の世を頂いて）　＊囃子
> 4．ウシマユバ　マチャウキ（稔りの世を待ちうけて）　＊囃子

東と西の二隻の船は、力いっぱい標識のトゥバイラーマ岩を廻って帰って来る。船漕ぎの後は、御嶽で様々な伝統芸能が披露されて、海の彼方から来訪神を迎えるミリク世の舟漕ぎ、ハーリの神事が行われる。

　筆者は、1900年代糸満からの移民以前、船漕ぎ技術を鍛錬も含めた来訪神を迎える世乞いのハーリとして行われたと考えている。西表島の祖納と干立集落や黒島で行われている舟漕ぎは、海の彼方からの豊穣の来訪神を迎えるものといわれる。

　『八重山島諸記帳』(1727年)「嶋中奇妙」に古見の三村より小舟を仕出し祭を行うことや、1855年八重山で首里大屋子の役職に就いていた十世正寅が写した『八重山嶋旧記』のような記述があり、「舟漕ぎ」と結びついた来訪神信仰は古いと考えられる。

　節祭の最後の目、旗頭を立てて「上ぬ井戸」に参り、水に感謝を込めて料理、酒、線香を供える。祈願が終わると水源地から汲んだ水で酒を割り皆に回される。旗頭の演技も披露する。儀礼によって清められた最初の水は子供の頭につける。子供の健やかな成長を願うことで、水の力を授かる儀式ともいえよう。上ぬ井戸で清められた旗頭は、その後集落や各家を回り清める。

　このように、西表島の祖納集落と干立集落の節祭は、爬龍船を行い、集落の人々の命を繋ぐ水のある井戸と集落の清めの共通点がある。「節祭」における太平井戸の水と上ぬ井戸の水は──八重山の御嶽を基盤とし命を繋ぐ水は、人間を様々な災いから蘇生させる聖なる水──シディ水(孵水・産水)であり、生命の水になるともいえよう。

節祭の上ぬ井戸祈願＝干立御嶽
(西表島干立)

上ぬ井戸の水を子供になでる＝干立御嶽
(西表島干立)

第四章、循環する八重山の祭りと敬森・敬水
——穀物伝来を中心に

　八重山には、海の彼方から穀物がもたらされた伝承をもつ御嶽がある。それは来訪神信仰と結びつき、現在でも脈々とその伝承を再現する儀礼が行われている。ここで八重山の穀物伝来と関わる祭りを中心に八重山の循環する世界観と敬森・敬水を探りたい。

　一、登野城の種子取祭

　八重山の稲の伝来に関わる御嶽として米為(いやなす)御嶽と小波本(くばんとう)御嶽がある。昔、安南（現在のベトナム）のアレシンという所から八重山に稲作を伝えたとされる兄・タルファイと妹・マルファイ兄妹の住居が、小波本御嶽である。米為御嶽は、妹の墓と伝えられている。兄妹は、現在の登野城北部のクバントゥ原に水田を開き、住居を構えて稲作を始め、八重山に初めて稲作を伝えた。

　古く、クバントゥ原の北方台地にクシィキバゲーナという大きな湧き水があって、晴天には黒島からも見えたと伝えられている。このバゲーナという湧水はフナー（大きな流れ）となった。現在もその名が残っている。フナーの流れで、現在の小波本御嶽一帯の低地は水田として稲作適地となったという。現在、付近には田原という名が残っている。(84)

　かつて、旱魃が続くと米為御嶽で雨乞いが行われた。竹富島や波照間島などでも雨乞いが行われ、「小波本(クバントゥ)、イヤナス　雨タボレ」と歌われたと伝わる。登野城では、ムトゥ御嶽(本御嶽)とも呼称する。古くから、水元の神様として信仰を集める。

　『八重山島由来記』には、「十月に種子取の事　由来稲粟種子蒔初め三日遊ぶ由事」とあり、『八重山島諸記帳』には、「種子取には飯初と申て赤飯をしきり親類中送替し候也」と記されている。

登野城の種子取祭は、小波本御嶽、米為御嶽の神前に米や酒、昆布、紅白のおにぎり「イバチ」(85)を供えて「世願い」を行う。神事後は、全員で「稲が種子アヨー」を歌う。

種子取祭　紅白のイバチ等のお供え

「稲ガ種子アヨウ」(86)

〈原歌〉　　　　　　　　　　　　　　〈訳〉

1、稲が種子　今日ぬ日ば　　　　　　稲の種子　今日の吉日を
　　むとぅいしょーり　　　　　　　　基にして
　　ウヤキヨーヌ　ケーラーマイヨ　　(囃子)裕福の世の　皆の米よ
2、苗代田に　たのるだーに　　　　　苗代田に　種子下ろす田に
　　いでぃたちょうーり　　　　　　　出で立ちなさい
3、苗代田ば　たのるだーば　　　　　苗代田ば　種子下ろす田を
　　くさいしょうーり　　　　　　　　拵えなさり
4、夏水に浸けおうーり　　　　　　　夏水に浸しなさり
　　冬水にうるしょうーり　　　　　　冬水に下ろしなさり
　　ケーラーマイヨ　　　　　　　　　御万人の米よ
5、石なぐに　はもーるくむに　　　　小石のように　蛤のように
　　ばちろーらば　　　　　　　　　　発芽したならば
6、うちぱにり　まきぱにり　　　　　打ち散らして　撒き散らして
　　うるぃしょうーり　　　　　　　　おろしなさり
7、下かいや白ぴに　上かいや　　　　下の方には白髭(根)　上の方には
　　若芽いで　けーらまいよ　　　　　若い芽を出し　皆の米よ
8、犬が毛に　猫が毛に　　　　　　　犬の毛のように　猫の毛のように
　　まらしょうり　　　　　　　　　　生えさせなさり
9、植ぼうーれーぬ　差しぼうーれーぬ　植え時期に　差し植え期に
　　なろうーらば　　　　　　　　　　なったなら
10、大舛田ん長舛田ん　　　　　　　　大舛田に長舛田に
　　移しょうり　　　　　　　　　　　うつし(移植)なさり

11、ないはかり　つまはかり　　　　縦の長さを計り　横の間隔を計り
　　差しょうらば　　　　　　　　　　差し替え（移植）したなら

　この米為御嶽と小波本御嶽の神司は、「種子取祭」について俳句を詠んでいる[87]。

胡座で交わす挨拶種子取祭
円座して「稲かよー」歌う種子取祭
手作りのいはつ尊ぶ種子取祭」

　神司の石垣氏曰く、胡坐をかいて座ることは、稲がしっかり根を下ろしてほしいとの意味合いがある。

八重山農林高校郷土芸能部の雨乞い
2018年6月24日＝米為御嶽

二、平得と白保の種子取祭

　大阿母御嶽は、多田屋於那理の墓である。オヤケ・アカハチ事件の時、美崎山に籠り、断食祈願で瀕死の状態の真乙姥を助けた功により1502年琉球王府から八重山初代の最高神職「大阿母」を授けられた。

　多田屋於那理は、大阿母になった後、上国のため首里を往来したが、ある年、八重山への帰途に暴風に遭遇して安南の地に漂着した。その後、米、粟の種子を受けて、真栄里村の南海岸に上陸したと伝わる。米、粟の種子を一時置いた岩の下は、作物の神が宿ったとして拝むようになった。多田御嶽の周辺は、採石禁止になっている。御嶽の下に石がごろごろしているときは、世果報の年であると伝わる[88]。

　すでに述べたように済州島から八重山に漂着した金非衣らの記録（1479年6月10日）に「専用稲米。七八月收穫。未穫前、人皆謹愼、雖言語亦不厲聲」と記されたように、1500年以前に米の栽培はすでにあった。だとすると、多田

於那理がもたらしたのは、新しい穀物か優れた稲の種であったのかも知れない。

平得の種子取祭は、早朝、多田浜にある多田御嶽で行う。旗頭は、ススキの若葉を束ねて旗頭にし、文字は「慈雨」である。ススキには、稲がススキのようにまっすぐ育つようにという意味合いがある。

神司による祈願の後、太鼓でミルク節ほか数曲を歌い、舞踊奉納の後、銅鑼を鳴らして集落の大阿母御嶽に参る。つまり、平得の種子取祭は五穀の種子伝来の地、多田浜御嶽におけるユーニガイ(世願い)、続いて集落を巡回し、大阿母御嶽前で「種子取節」奉納踊り、午後から「カタバル(潟原)馬」の順となる。「カタバル馬」の語源は、かつて名蔵川の干潟で競馬したことからといわれる。

種子取祭＝多田御嶽（平得）
写真提供・新城愛結氏

「種子取節」を歌う婦人達の奉納踊りもススキを頭に飾る。当日は「馬ばらし」(馬を走らせることで邪気を追い払う)がある。稲が順調に育つ意味で二枚貝を供える。貝は、馬に乗って干潟へ獲りに行ったようだが、貝を蒸すとバタッと口を開くように、稲の苗も発芽して実るようにとの願いが込められている。カタバル馬の走りはこれと関連があるともいえよう。平得の神司・荻堂久子さんによると当時、女性が馬に乗れるのは、種子取祭の日のカタバル馬だけ許されたので、この日を大変、心待ちにしていたという。

稲の種がもたらされたと伝わる多田御嶽から儀礼が始まるのは、稲の伝承を物語る来訪神の信仰とも関わる。神になった人間、あるいは海を司る自然の神もいるということになる。

また、馬を走らせる行事は、白保の種子取祭(タニドゥリ)にもある。種子取祭には集落内のオーセ(拝所)で「ンマガミチ」で「アガフチ」と呼ばれる面を着けて馬を走らせるカタバル馬の行事がある。走馬に先立ち早朝、神司の祈願があり、もち米の「イバチ」を供え、稲の苗がしっかりと根付くよう祈る。[89]

三、大浜の豊年祭と節祭[(90)]

古老の伝えによると、昔、東の海から米俵・粟俵を積んだ宝船が崎原御嶽の北方の泊に漂着した。これを神様からの恵みと感謝し、浜に茅を敷き船で競漕したことから茅敷浜(ガヤシキ)と呼称することになったという。この米俵から食用として住民に配布し、残りを種子用として農業に励んだところ、毎年豊作となったという。以後、各御嶽では祈願ハーリーが行われるようになったという。

来年の豊作を願う節祭は、山頭を立てて、カースンヤ祈願と茅敷浜で祈願と「爬竜船(ハーリー)」が行われる。爬竜船は、ウンタ(上の村)とスムンタ(下の村)に分けて2隻の船に6名の漕ぎ手が乗り、昔、宝船から俵を運んだ様子に合わせて船を漕ぐ。それを3回繰り返すがその間、銅鑼、太鼓のリズムに合わせて神司、カーマンガーなどが「東節(あがりぶし)」を歌う。

ハーリーでは、「東節」に合わせて沖に舟を漕ぎ出し、その5節が謡い終わるのを合図に2隻の舟は折り返し、浜を目がけて競漕する。それを3回繰り返す。

豊年祭は、大浜東海岸のカースンヤ浜に5個の石が並べられている所で、大浜の神司全員で、ユーニガイ(世乞い)祈願を行う。石は、海に向かって、左から崎原御嶽、黒石御嶽、潤水御嶽、大底御嶽、大石御嶽を象徴している。イビの石の前には砂が盛られ、崎原御嶽のイビの前には、マーニ(コミノクロツグ)が3本組み立てられている。石の前で「東節」を歌いながら手招きの世乞いを行う。祈願が終わると集落内の道沿いで、カースンヤ浜で立てたマーニの葉を抜き、神司や地域の人々はそれを頭に結び、皆で「東節」を歌いながら手招きの世乞いを行う。

豊年祭(カースンヤ浜)

「アガリ節」(東節)
1、東(アガリ)から来る舟や我上ぬ　すんきゃーら　エーシターレ(囃子)スウミヤヨ　ユウバナウレ(世は穏れ)　※ フニ(舟)バガ
2、ウハラカラ　クールウフニ　　　（大海原から来る船）
3、ナユシャル　フニヌドゥ　　　　（どんな船が）
4、イカシャル　フニヌドゥ　　　　（如何なる船が）
5、ヌシャネン　フニヌドゥ　　　　（主が無い船が）
6、シドゥヤネン　フニヌドゥ　　　（船頭ない船が）
7、アワダーラドゥ　ヌセーオール　（粟俵を載せて来なさる）
8、クミダーラドゥ　ヌセーオール　（米俵を載せて来なさる）
9、ウハマムラ　ウイナガ　　　　　（大浜村の上に）
10、グルシィムラ　ウイナガ　　　　（黒石村の上に）
11、フクヌユバ　タボウラレ　　　　（福の世を給わり）
12、ウキヌユバ　タボウラレ　　　　（受けの世を頂く）

　大浜の崎原御嶽は、八重山の鉄器伝来の御嶽で、「アン(東)ヌオン」ともいう。『琉球国由来記』(1713年)巻二十一に、「ヒルマクイ・幸地玉ガネ兄弟は船に乗り、薩州(鹿児島)に行き、鋤・鍬・鎌を買い帰る時、白髪の老人が船を導き八重山に無事に帰った」と記載されている。いうまでもなく、農作業は鉄の鋤、鍬、鎌によって著しく効率化した。節祭の茅敷浜での「爬竜船(ハーリー)」競争、豊年祭の際に、カースンヤ浜での「東節」の世乞い祈願は、神の導きによって鉄がもたらされて、米や粟ができたことを歌ったものではないだろうか。

四、竹富島の世迎い

　竹富島のコンドイ浜の近くにニーラン神石がある。昔、ニーランの国から神がいろんな種子を積んで竹富島に到着した時、船のとも綱をこの石に結んで上陸したと言われる。ニーラン神は、穀物の種子を小波本御嶽(幸本御嶽)の中のクックバー(小底場)に保存し、ハヤマワリ＝ハイクバリの

Ⅱ　八重山の御嶽を考える

神に命じて穀物の種を八重山中に配ったという。⁽⁹¹⁾

このようなことから、竹富島では、毎年、旧暦の８月８日に、神司全員と地域の有志らが、ニーラン神石の前で、ニーラン神、すなわち、ニライ・カナイの神々を迎える「世迎い(ユーンカ)」を行う。祈願の後に手招きをして神々を迎える際にドラや太鼓を打ち鳴らし、「トゥンチャーマ」という古謡が唄われる。その後、幸本御嶽のクスクバー岡(小底場)に参り、儀式を行う。

世迎いの神司祈願（竹富島）

世迎い（竹富島）

「ニイラン願い詞」⁽⁹²⁾
１、しるはま　かいはま　うりみそーる
　　　　　（白い浜　美しい浜におられる）
２、むとぅぬ　にーじん　うりみそーる
　　　　　（元の根神がおられる）
３、にーらすく　かねーらすく　うりみそーる
　　　　　（ニーラ底　カネー底におられる）
４、にーぬしま　ばたりおーたる
　　　　　（根の島から　お渡りなさった）
５、にらいかない　うりみそーる
　　　　　（ニライカナイにおられる）
６、むぬだに　ほーるだに　むちゃいおーる
　　　　　（物種子　蒔く種子　持ってこられた）
７、ふーゆー　ひしゅゆー　ひるぎおーたる
　　　　　（大きな世　広い世を広げられた）
８、はやまわり　はいくばり　うりみそーる

185

                 (早廻 早立(神)がおられる)

 9、やまとぅどぅん　ぃしょーなー　うりみそーる
                 (大和渡りの　海に　おられる)

10、にーうすい　うりみそーる
                 (根おそい　(栗の神が)降りなさる)

11、ふんぬにー　かんやま　うりみそーる
                 (国の根　神の山に　おられる)

12、むちゃい　ふーあるじ　うりみそーる
                 (大主が　降りなさる)

13、くばむとぅ　ふしがーら　うりみそーる
                 (幸本の　国頭が　おられる)

14、くすくばー　あがりおーる
                 (クックバーに　上り　おられる)

15、たかさむい　うりみそーる
                 (高い所に　おられた)

16、かん　むちゃいおーる
                 (神を　持ってこられた)
     ゆー　むちゃいおーる
                 (世を持ってこられた)

「トゥンチャー」(93)

1、アガトカラ　クルフニヤ　バガイヌ　トゥンチャーマ　ウヤキユーバ　タボラル
                 (東の海の彼方から　来る船は　私が上(島)に恵まれる　神の舟である。富貴の世を給われる。)

2、ウハラカラ　クルフニヤ　ナユシチャル　クルフニ　ウヤキユーバ　タボラル
                 (大海原から　来る船は　何のために　来る船か　富貴の世を給われる。)

3、ミルクユバ　ヌシオール　カンヌユバ　ヌシオール　ウヤキユーバ　タボラル
                 (弥勒世(豊かな世)を載せて　神の世を満載して　富貴の世を給わ

Ⅱ　八重山の御嶽を考える

れる。)

4、タキドゥンニ　トゥルスキティ　ナカダギニィ　トゥルスキ　ウヤキユーバ　タボラル

（竹富島に取り着き　仲嵩（竹富）に引き着上げ　富貴の世を給われる。）

5、ミルクユバ　ダギョロシティ　カンヌユバ　ダギョロシ　ウヤキユーバ　タボラル

（弥勒世を　抱き下ろし　神の世をかかえおろし　富貴の世を給われる）

6、ヤヤヌヤヤグトゥニ　キブル　キブル　グトゥ　ウヤキユーバ　タボラル

（家々の家毎に　煙立つごとく　富貴の世を給われる）

7、ターラユバ　タボラレ　マスヌユバ　タボラレ　ウヤキユーバ　タボラル

（俵の世（豊穣）を給わり　枡（増し）の世を恵まれ　富貴の世を給われる）

　「トゥンチャー」を歌いながら村に入り、仲筋集落の人々の歓待を受けて、幸本御嶽の「クックバー御嶽」に参る。道行はニーラン神石の海における神迎えの後、集落（「トゥンチャー」を歌う）、幸本御嶽・小底場の順路を歩む。その後、仲筋集落の人々に迎えられてトゥンチャーを歌い終わる。

世迎えで「トゥンチャー」を歌いながら幸本御嶽へ（竹富町）

　「ニイラン願い詞」には、「ニーラスク　カネーラスク　……にらいかない　うりみそーる……くすくばー　あがりおーる」とニライ・カナイからクックバーに種子を持って上がることが謡われる。また、「トゥンチャー」には、東の海の彼方から富貴・俵の世の「豊穣」をもたらす神々が謡われる。つまり、ニライ・カナイへの海岸儀礼の基層にあるのは、竹富島で最も神聖な御嶽—小底場(クックバー)であることがわかる。

五、沖縄本島の穀物伝来とニライ・カナイ

沖縄の穀物伝来は、久高島「伊敷泊(いしき)」に見られる。『琉球国由来記』巻十三、317、318には次のように記されている。

> 「伊敷泊　弐御前　東方へ御拝　被レ遊也」一御前　ギライ大主　一御前　カナイ真司」318　コバウノ森　四御前　壱御前　コバヅカサ　此コバウ森　阿摩美久作リ給フト也。詳ニ中山世鑑ニ見タリ。右伊敷泊・コバウ森、六御前へ隔年ニ一次、二月麦ノミシキヨマノ時、当職御使之時、仙香一結……省略昔　聖上行幸之時、親行拝礼也。且、毎年三・八、四度御物参有祈願也。右二御嶽之由来。……久高島ニアナゴト子云人アリ。……伊敷泊ニ出、詠海原……、浜所ク白壺壱、浮テ寄ケレバ、取揚ントスレバ、不被取。……麦、粟、黍、扁豆一種子、且、コバ、アザカ、シキヨノ種子入ケル。取リ出シ、所々へ蒔ケル。生立ヲミレバ、件ノ喰物也」(94)

また、『遺老説伝』130にも記述がある。

> 「昔、白樽夫婦が久高島の伊敷浜で、子孫繁栄と食物の豊穣を祈ったら、白い壺が流れてきた。妻は、屋久留川という井戸で禊をし、壺を迎えると自然に妻の袖に入った。壺の中には、麦三種、粟三種、豆一種の壺の中に入っていた」

いわゆる穀物漂着伝説である。久高島にハタスという聖なる畑があり、種はここに蒔かれて島の人々に与えられたという伝承がある(95)。

しかし、今日、八重山のような穀物伝来を示す儀礼は見られない。ウプヌシガナシの御願立て(年始)とシディガフー(年末)の御願解きはこの伊敷浜で行う。その御願立てには、男性1名につき3個の小石を拾って持ち帰り、シディガフーの折、元の浜に戻す。

沖縄の自然観や世界観を表す言葉としてニライ・カナイがよく知られている。仲松弥秀は次のように説明している。

「ニライ・カナイ」について水平的・平等的横の思想が育成されたといい、海洋国では、盆地内陸国とは異なり、豊作をもたらす降雨は天上や山上の雷によるものではない。水平はるかな海の彼方から流れ来る雲の恵みとされている……夏の干魃は飢餓に通じる。台風はむしろ降雨をもたらす。雨乞いはあるが、台風除け祈願は見当たらない」⁽⁹⁶⁾

海から上がる雨雲の恵みへの祈りがニライ・カナイという自然観に繋がった一因ともいえよう。一方、野本寛一は、次のように語る。

「西表島は八重山離島の島びとの世界観の中核にあり、古見岳はその象徴であった。ニライ・カナイは決して観念ではなく、離島の人々の命をつなぐ「水」や「木」の豊かな西表島という現実をステップとして、その彼方に想定されたものであった」

また、前花哲雄は、次のように説く。

「ニライ・カナイは、「ニーラ底」の意味で、畑を耕すとき「ニーラ底から耕せ」と昔の人々はいった……豊年祭は、水と関係ある……ニライーカナイは、南方の海の遥かな蓬莱の島や神々が住むだけではなく、水を中心とした足元の地下を指す」

川平のヤーラ願いは、農作物の作付け始めにあたり各御嶽でのニライ・カナイの神へ祈願する祭祀である。赤イロ目宮鳥御嶽、山川御嶽、群星御嶽、底地御嶽の順に祈願する。ニライ・カナイの神を送る節祭の「ガンニガイ」は底地御嶽が最終の願い所となる。⁽⁹⁷⁾

筆者は、ニライ・カナイを仲松の水平的自然観、野本寛一の命をつなぐ「水」や「木」の現実をステップとして想定される論、前花哲雄の南方の海の神々の場所の論を支持しながら、八重山の御嶽の神観念を次のように考えたい。即ち、海の彼方のニライ・カナイやニーラ底という人間の想像を遥かに超えた世界と繋がっており、祭りや祈りを通して神人交歓における神々と人間社会が融解されるのではないだろうか。本稿では、八重山の御嶽の世界観を表⑦「循環する八重山の儀礼の想定」として提示したい。⁽⁹⁸⁾

すなわち、神々の招請→神の来訪→感謝・祝福→神人交歓のコミュニタース（直会・芸能奉納→神の帰還・神送り）という構造が潜んでいると考えられる。穀物の伝来を中心に季節の循環に沿って行う八重山の祭りを敬森・敬水の視点で見れば、循環の自然・世界観は、祭りを通して再現されるとも考えられる。

　神司・与那国光子氏によると、竹富島では、山の神とされる久間原御嶽は、木の伐採や山入り儀式がある。その際、海水を汲んで来て、周囲を清めて、砂を香炉にいれる。巻貝49個を並べて、盃の代わりの7つの貝殻にお酒を供えて、伐採に使う機材を横に置いて、祈願するという。

　つまり、山や森、海の生態系の繋がりを儀礼的に表し、その根源に御嶽の信仰が流れるまさに、「敬森・敬水」の循環概念の八重山の世界観が表れるといえよう。

表⑦　循環する八重山の儀礼の想定——穀物伝来を中心に

六、八重山の祭礼──文献にみられる祭礼と現在の祭り

八重山の祭りに関する記録は、『八重山嶋由来記』(1705年)と『琉球国由来記』(1713年)が古い。そのほかに首里王府への報告書『八重山島諸記帳』(1727年)と、1855年、首里大屋子の職に就いていた十世正寅が写した『八重山嶋旧記』[99]などに記されている。ここでは、文献記述を表⑧「文献に見られる八重山の年中行事」にまとめて、現在行っている祭りを表⑨「現在の八重山の年中行事」にまとめて、考察して見たい。

表⑧　文献に見られる八重山の年中行事

旧暦	『琉球国由来記』巻二十一 (1713年)	『八重山島諸記帳』「島中舊式」 (1727年)	八重山嶋旧記 「島中舊式」 (1855年)
1月		正月元日十五日冬至於蔵元在番頭諸役人朝衣八巻にて御拝仕候此時規式酒御物より被下候也 附大阿母蔵元火神たかひ有之候事	正月元日十五日冬至於蔵元在番頭諸役人朝衣八巻に而御拝仕候此時規式酒御物より被下候也 附大阿母蔵元火神たかへ有之候事
2月	御タカベノ事　万物作終テ、頭数一人ニ付、米五勺宛出サセ、作物之為トテ嶽々へ居、祈願申也。		
3月	物忌之事 万作物ニ不ㇾ虫付ㇾタメニ、悉皆馬・牛迄モ浜下仕ル也。 山留ノ事 為ㇾ作物、三月十五日ヨリ五月十五日迄、草木切不ㇾ申也。	三月三日八月十五日はふきやけ種子取には飯初と申て赤飯をにしきり親類中送替し候也三月物忌是稲粟葉に蟲付不申為也 三月十五日より五月十五日まで山留として木草切不申候又は女人海邊え不行鳴物禁慎候是も作物之為也	三月三日八月十五日種子取此折目祝ひ物三月三日ニハ蓬餅 三月物忌是ハ稲粟葉ニ虫付不申為也 三月十五日より五月十五日迄山留トシテ木草切不申候又ハ女人海邊不行鳴物禁し慎候是作物之為也
4月	穂ノ物忌之事 万作物穂見得ヘケレバ、蝗虫付不ㇾ申タメ、村中一人モ不ㇾ残、牛・馬迄浜下仕ル也。		四月物忌是ハ稲粟穂為虫付不申為也

旧暦	『琉球国由来記』巻二十一 (1713年)	『八重山島諸記帳』「島中舊式」（1727年）	八重山嶋旧記 「島中舊式」(1855年)
5月	シキヨマ祭之事 稲刈始メテ、茹デ米仕リ、作物ノ初トテ一人ニ五勺宛出合セ、嶽々并根所ヘ祭リ、祖父母・父母・伯叔父母・兄弟・姉妹、志次第送ル也。		
7・8月	己亥日、節ノ事 年帰シトテ家中掃除、家・藏・辻迄改メ、諸道具至迄洗拵、皆々年綱ヲ引キ、三日遊ビ申也。	七八月中己亥日節仕候是は年迎として家内外掃仕家藏之辻を改芝を結若水を取浴申候也	七八月中己亥日節仕候是ハ年迎トシテ家内外拂除仕家藏之辻改芝を結若水を取浴申候也 八月十五日ニハふきやけ種子取ニハ飯初を申て赤飯をにきり親類中送替らし也
9・10月	種子取ノ事 稲・粟種子蒔初メ、三日遊ビ申事。 麦種子取事 麦初種子蒔初メ、二日草木不ﾚ切、稲春不ﾚ申也。	種取子蒔入候日より六十一日にさうりとして田植始仕候此時二日之間草木切諸細工稲春船出忌申候	種取子蒔入候日より六拾壱日に さうり申て田植始仕候此時二日之間草木切諸細工稲春船出忌申候
10月	タカベノ事 為ニ火用心ニ竈廻仕リ、頭数一人ニ付、米五勺宛出合セ、嶽々ヘ祭申也。		
12月	サウリノ事 田植初メ、二日草木不ニ切申ニ也。		

表⑨　現在の八重山の年中行事

旧暦	年中行事	内容	地域
1月	旧正月　初祈願	年頭に村の平和、人々の無病息災を祈る	各地
2月	二月たかび	農作物の無事成長を祈願する	
3月	草葉願い・浜下り	農作物の虫を除く祈願。芭蕉の幹で小舟を作り、虫を載せて海に流す	各地
4月	ムニン （山止め・海止め）	農作物の成長を祈り、今は3日間海山に入らない	各地

旧暦	年中行事	内容	地域
5月	海神祭ハーリ	豊漁、航海安全を祈願する	登野城、白保
6月	世の首尾・豊年祭	今年の豊作に感謝、来夏世の豊穣を祈願する。神酒奉納・芸能奉納・綱引きなど	各地
8月	結願祭	芸能、旗頭など	白保、宮良（神年）、川平 竹富島、小浜島、西表島など
9月	9月9日（菊酒）、芋の初上げ	芋を供えて祈願。重陽の節句として菊酒を頂く	各地
10月	十月たかび 種子取祭 節祭	十月たかび：火の用心として竈廻り 種子取祭：稲粟の播種期に合わせて無事成長を祈る 節祭	各地

（1）「豊年祭」・「結願祭」について

　表⑧「文献に見られる八重山の年中行事」と表⑨「現在の八重山の年中行事」を比較してみると、表⑧には豊年祭や結願祭に関する記述が見られない。牧野清は、それについて次のように触れている。

> 「大津波後、与那覇在番は、災害の復興のため、社会に活力を図りお嶽の祭祀を盛大に進めたようである。登野城字に現存する古い旗頭に乾隆四十五年(1780年)「青龍」という旗頭を立てたという記録から見ても確実」[100]

　1858年に首里王府から八重山に布達された『翁長親方八重山島規模帖』には、豊年祭が次にように記述されている。

> 「毎年、六月には穂利（プーリイ）、十月種子取り祝いとして、頭以下役人末々まで、皮餅・神酒・和え物・赤飯など調え、親類縁者へ贈ることは、昔からの習慣の範囲ならば許されるが、広く親類縁者に贈っていては、その出費も少なくない。今後は親子・兄弟・姉妹・伯叔父母のほかへ贈ることは一切止めること」[101]

　これを見ると豊年祭は、芸能はなく、お供えと祈願だけが行われていた

と考えられる。また、『八重山島諸記帳』の「嶋中奇妙」にも豊年祭の記述が見られる。

> 『八重山島諸記帳』(1727年)「嶋中奇妙」
> 「上代古見嶋三離嶽に猛貌之御神身に草木の葉をまとい頭に稲穂を頂出現有時ハ豊年にして出現なくして凶年なれハ所中人世持神之名付崇来候絶に此神曽而出現なくして凶年相続候得は壱年之願として人に彼形を似せ供物を備ひ古見三村より小舟臺艇つつ賑に仕出しあらそわせ祭の規式と勤候利生相見豊年なれ……」

筆者は、豊年祭は、古くからあったと考えられているが、今日のような様々な芸能が披露され、さらに真乙姥御嶽での四箇字共同で行う形は、大津波以後の近世ではないかと考えている。

結願祭については、竹富島の清明御嶽の記述がある。1875(明治8)年、食料危機の時、当時の役人・知念与人は島の神々に豊作を願い出た。その念願が叶い、その後、感謝の願解き祭りとして施行されるようになったとされる。(102)

今日、各地の御嶽で芸能が多く奉納される結願祭は、古い文献には表れないので、恐らく近世からと考えられる。豊年祭・結願祭の変遷は、今後の課題にしたい。

(2)「9月9日」の芋の初上げと作物の変化

現在、島々や各地の御嶽で「九月九日」の芋の初上げが行われるが、表⑧「文献に見られる八重山の年中行事」には、記されていない。かつての五穀は、「米、粟、麦、黍、豆」であるが、現在、粟や黍は、ほとんど作られず、イモやサトウキビ、パイナップルなどに変わっている。(103)この日、各御嶽では、健康願いの念を込めて菊酒と収穫したイモを供えるが、穀物の変化が祈願に表れているのではないかと推測される。

かつては主食の代用で、今日では健康食として注目されているイモを調理したものや生のまま供える芋祭りは、実に興味深い。一方、竹富島は、かつてンーヌニガイ(芋の願い)をしたが、1949年に廃止(公民館行事)された。

しかし、神司による芋のお供えと祈りは現在でも継続されている。

そのほか、文献に記された祭礼でも、山止め・海止めの事例のように２カ月間が３日間に短縮されたり規模や期間の変化がうかがえる。とは言え八重山の祭りは、多少の変化はあるものの全体としてはよく伝承されていると考えられる。

＜今後の課題＞

八重山の御嶽の課題は、地域や御嶽によって様々である。ここでは２つを取り上げる。まず、空間と御嶽林の生態の課題を取り上げたい。八重山の御嶽のイビの空間は、石垣で明確に区分して、神司以外は入れない聖域である。イビの禁域は、多様な植物が茂り、鳥がさえずり、蝶々が舞う森の中の祈りの空間となっている。イビの前に位置する拝殿は、イビと繋がっている位置取り・空間構図がある。

拝殿の前の長い参道の両脇には、様々な木々が循環して、生育している。多くの御嶽は、イビ―拝殿―神庭―参道という全体構図があり、祭りになると神庭で各々の奉納芸能が多彩に演じられることが八重山の特徴といえよう。

沖縄本島の多くの御嶽は伝統芸能の披露される「神アサギ・殿」は、御嶽と離れた集落に近い場所が多い。祭礼の時、御嶽の森に行くのはカミンチュウ（神人）が中心となる。そして、太平洋戦争による破壊や都市化等で、かつての鬱蒼とした森や地域固有の植生が崩れて、御嶽も変化している。また、イビの明確な仕切りもなく、イビに男性も入れる等、八重山の御嶽の「祈り」と「祭り」における祭祀空間とは大きく異なる。

近年、石垣市や離島の御嶽の多くは、公園化の一環と関わり、イビと拝殿のみで、参道が無くなり、または、植物が自然循環できるようになる両脇の仕切りが無くなっている御嶽がある（本書p200「八重山の御嶽の空間配置（３類型）参考」）。当然、森→林→数本の木の空間は、樹木の生育の衰退が見られる。緊急な課題（南根腐病等の病虫害）や気象変化、開発・都市化等の人間

社会が原因で、貴重な御嶽林を取り巻く環境は益々厳しくなっている。

後継樹育成と植樹等、御嶽林の持続的保全の為、地域社会だけではなく、行政や社会全体で再認識して、未来に繋ぐ実践的保全が急がれる。循環する御嶽林の持続保全は、今後の大きな課題である。

八重山は、祭祀者・神司への信頼が厚く、代々継承されることが特徴として上げられる。神司の継承は、御嶽と深い関わりを持つ神元屋の決められた家柄の父方の娘の内の神の告げによる。そして、字会や地域を挙げての「神開きの儀式」を通して代々継承される。その際、神司の象徴である鼈甲や銀で作られた「簪(かんざし)」とお米を入れる「香箱(こうばこ)」を先代の神司から受け継ぐ。しかし、近年は、長年神司が途絶えたことや様々な理由により、自分で用意することも多いという。

神司は、頭に簪を差して、花米で1年を占う

川平では、神司を引き継ぐことを「嶽抱(やまだ)き」という。ヤマは、御嶽のこと、ダキは抱くという意味で、神司の継承が御嶽を守ることを意味するともいえよう。

近年、八重山の島々の御嶽の多くは、神司が途絶えて、イビにおける神司の祈りができなくなり、祭りが途絶える御嶽が多く、深刻な課題である。少子化や社会の変化で、本来の血筋や家柄での神司の継承は難しい時代になっている。神司の文化を如何にして途絶えさせず、継承していくか、地域や社会全体で模索すべきではないだろうか。

＜結び＞

八重山の御嶽は、清らかな森の中のイビを中心とする祈りの空間である。御嶽がある山や丘は、地域の自然環境観が想像できる腰当て森として歌われる。御嶽家・神庭は、地域の様々な文化や生の営みが演劇として演じら

れる伝統芸能の奉納と伝承の空間である。

　御嶽は、厳しい自然環境の中、様々な困難を乗り越えた地域誌の象徴であり、人間社会と深く関わってきたことを物語るように貴重な老木が並ぶ。地域社会と命運を共にする共同体の象徴ともいえよう。神々しい御嶽林は、生きている経典のような戒めの森であり、貴重な植物が茂り、各々の魂・心が蘇る五感を体感できる空間であり、地域の「誇りの風景」でもある。

　海に囲まれた八重山は、海の彼方からニライ・カナイの神々が訪れるという循環する世界観により、毎年儀礼が繰り返される。その基盤に御嶽文化があると筆者は考える。

　八重山には、各々の島々の自然風景・情趣を盛り込んだ「八重山育ち」（八重山歌謡集）[104]という愛唱歌がある。海で隔てられた八重山の島々を歌で繋いだ伊波南哲・作詞、大浜律呂・作曲の戦後の名曲である。

　　一、八重の汐路に囲まれて　緑の島々歌の島
　　　　鳩間中岡走り登り　くばの葉蔭で　ヤレ　八重山育ち　　　　　（鳩間島）
　　二、月夜の浜の荒磯で　鳴くや千鳥の恋の歌
　　　　出船悲しや　ションガネ
　　　　「与那国ションガネ節」
　　　　波の花さわぎ千鳥もむせび鳴く
　　　　与那国の情すべてが身の情
　　　　情あふるる　ヤレ　八重山育ち　　　　　　　　　　　　　　（与那国島）
　　三、田草取るなら紅襷（ベニダスキ）　燃ゆる思いを色に染め
　　　　ユンタ、ジラバで語らんせ　いとしクヤマも　ヤレ　八重山育ち　（竹富島）
　　四、星影暗き夜半時　恋の細道トゥバラーマ
　　　　せつない想いに　身を焦がす
　　　　「トゥバラーマ節」
　　　　君と二人で　通ようた小路
　　　　今じゃいばらが縺れて咲くよ
　　　　可愛い美童（みやらび）　ヤレ　八重山育ち　　　　　　　　　　（石垣島）
　　五、古見の浦浜来てみれば　昔懐かしブナレーマ

　　　　沖の黒潮眼に沁みる　船浮カマドマ

　　　　ヤレ　八重山育ち　　　　　　　　　　　　　　　　　（西表島）

　六、歌で名高き大嶽(ウフダキ)で　見下ろす群下の島々は

　　　　黄金の稲穂ユサユサと

　　　　「小浜節」

　　　　粒美らさあてぃどぅ御初あぎるヤウンナ

　　　　果報の島だよ　ヤレ　八重山育ち　　　　　　　　　　（小浜島）

　七、口説ばやしにひかされて　花の黒島　来てみれば

　　　　島の乙女の純情で　粟酒飲んで

　　　　ヤレ　八重山育ち　　　　　　　　　　　　　　　　　（黒島）

　八、人魚の踊る新城島(パナリ)　越の端の物語

　　　　世界報を迎える巻踊り　昔ゆかしき

　　　　ヤレ　八重山育ち　　　　　　　　　　　　　　　　　（新城島）

　九、南の果ての波照間に　歴史を綾取る人々が

　　　　島の守りの神々と　心合せて

　　　　ヤレ　八重山育ち　　　　　　　　　　　　　　　　　（波照間島）

　十、白雲棚曳く於茂登岳　清き流れの宮良川

　　　　尽きぬ情の花の島　歌と踊りの

　　　　ヤレ　八重山育ち　　　　　　　　　　　　　　　　　（石垣島）

　八重山諸島を一つの文化圏として捉えてみれば、各々の島に御嶽の植生（自然）があり、固有の文化の営みや女性祭司者・神司によるイビの祈りを中心とする共通性がある。さらに豊年祭などの祭になると旗頭をはじめとする様々な伝統芸能の奉納が行われる文化の空間である。

　筆者らは、2017年12月7日〜9日、八重山の御嶽の植生調査を行い、12月10日の国際シンポジウムで調査状況を発表した。一連の発表内容は、「八重山毎日新聞」(2017年12月9日、2018年1月20日)で報道された[105]。

　時代や社会が変化して、生き方も変わり、信仰心が薄くなっているとも言うが、御嶽は、現世利益のための神頼みだけではなく、地域の平安と秩

序を願い、島々や人々の無病息災など「公」のために神司が祈りを捧げる空間である。八重山の御嶽は、自然信仰そのものである。立派な拝殿を立てることも重要ではあろうが、本来は森の中の祈りの祭祀空間であることを忘れてはならないと思う。

　生涯、山寺に暮らし、電気・ガス・水道もない山奥で、無所有の生を徹底した韓国の法頂和尚は、『無所有』(1976年)の中で、「人類史上偉大な宗教と思想は、教室ではなく森の中から生まれた」といい、次のように語った。

> 「自然は、人間にとって永遠の母性なのである。…その国の国民の資質は、輸出高や所得増大の数字だけでは判断できない。彼らが自然をどれほど慈しみ愛しているかに資質の尺度を置かなければならない」[106]

　自然信仰の御嶽の空間は、老木が茂り、街の貴重な木陰にもなる。清々しい木々が茂る森の中、人々には身心が「蘇る空間」であるともいえよう。

　本稿は、人間社会と自然環境は「循環関係」であることを八重山の御嶽の文化から探った。八重山の人々が、循環する季節と自然に合わせて祭りを行い、日々の安寧を祈る空間が御嶽ともいえよう。祭りにおける循環概念の敬森・敬水は、神々の自然・御嶽林と人間社会の「共生」とも言えよう。本書は、人間社会と自然環境との循環が止まらず、未来に繋がることの一助になれば幸である。

(2019年1月20日)

八重山の御嶽の空間配置（3類型）

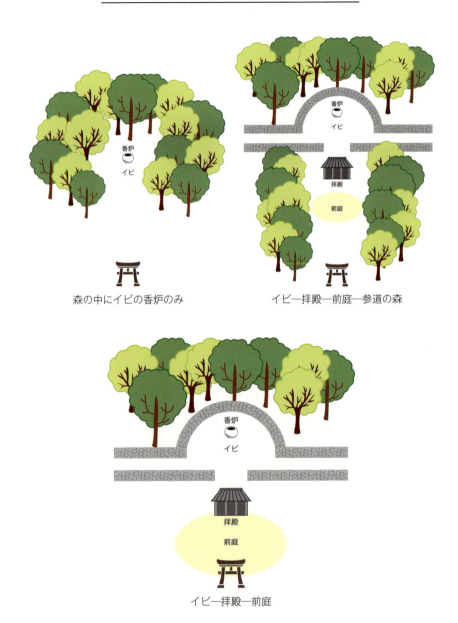

我が小浜島の稲作とお嶽——唄を通して

花城 正美

一、はじめに

　　だんちょ　ていゆ　まりる　　　　げにや　世間に名高い
　　　くまま　ているしまや　　　　　　小浜という島は
　　うふだきば　くさてぃ　　　　　　大嶽という山を背にして
　　　しるはま　まいなし　　　　　　　白浜を眼前にしている

　　　　　　　　　　　　　　　　　　　　　　　　　　—小浜節

　我が小浜島は「大嶽」といわれ小高い聖なる山を背にして、島のいたる所から湧き出る泉、せせらぎを活かして稲作が盛んで、周りの島々からは豊かな島、「果報の島」ともいわれてきた島である。この唄も同様に国見歌的にはなっているが、農に精を出す島人の誇りであり、心の拠ともなっている唄である。しかしながら昔からの農耕儀礼に伴う祭祀は脈々と受け継がれ、時節に応じて厳かに展開されているとはいえ、農業形態の変容もあって、今ではサトウキビ作りと畜産に関る者が大半である。

　今ここでは、民俗芸能の宝庫ともいわれる八重山のここ小浜島に無尽蔵に寝る芸能の中から、稲作という農耕の一連の過程から成り立つ唄を通して、村人の思い、そして「お嶽」に対する肝心にふれてみたい。

アヨ

二、稲作の流れ

　（一）初冬の頃
　一、なそれかいしゃ　ありわり　　　苗代田美しくあらせて下さい
　　　　ちむるかいしゃ　ありわり　　　積もり田はきれいにあらせて下さい
　一、いんぬきーに　たらしょうり　　犬の毛のように揃って発芽させて下さい

　　　　まやぬきーに　たらしょうり　　猫の毛のように細かく成長させて下さい
　　　　　　　　　　　　　　　　　　　　　　　　　　　　　―種子取アヨー

　稲作りの手始めともいえる田植え前のまずは稲籾が風水害、鳥害などもなく首尾よく発芽よろしく成長しますようにと厳かに、かつ静粛な中でこのようなアヨー(古謡の一種)の数々が唄われる。
　島の三大祭「種子取祭」には各嶽で、そして稲作当主一番座にて、床の間にはススキの穂をいけて(稲がススキのように大きく育つように)男性衆は根降り(種籾の初根が地に根差すように)と称してあぐらにて座して唄われる。

　　　(二)　陽春の頃
　　　ばぬと びやと とぅさとりば　　　私と兄さんとで田草をとれば
　　　とぅまいぬ うんぼんふぉ　　　　唐米のご飯が食べられる
　　　まきしてぃん ぽーりしてぃん　　なにがなんでも 疲れていても
　　　とうさとりば　　　　　　　　　田草取りに精出せば
　　　とぅまいぬ うんぼん　　　　　　唐米のご飯が食べられる
　　　ヘーヤンザヘ　　　　　　　　　さあ　頑張ろう
　　　　　　　　　　　　　　　　　　　　　　　　　―田草とり

　王府からの過酷な搾取によって、日々の食はイモが主であった。白いご飯といえばせいぜいお正月、晴れの日にありつけたのは割と裕福な家に限られていたであろう。この唄は食い盛りの少年期の兄弟揃っての田草取りの親の加勢でもしながら唄っていたのであろうか。
　この唄を口ずさむと島のありし日の原風景、田園の光景が眼に浮かぶ。苦しい貧しい中にも兄弟のそして家族が肩を寄せ合いひっそりと生きるその家族愛がしのばれるのである。

　　　(三)　若夏の頃
　　　一、はいかじぬ うしゅらばヨ　　　南風が吹き荒れくるったら
　　　　　にしぬ　あぶしば　まくらばし　　北の畦を枕にするよ

二、にしかじぬ　うしゅらばヨ　　　　北風が吹き荒れくるったら
　　　はいぬ　あぶしば　まくらばし　　南の畔を枕にするよ

　島人は常に自然災害との対峙を余儀なくされてきた。その最たるものは台風、そして日照り続きの干ばつなどである。刈入れ前の黄金色に熟した稲穂は、毎年のように襲来する台風でなぎ倒され、水浸しで一夜にして全滅になることも度々であった。
　この唄は打ちひしがれたであろうその逆境にあって、皮肉まざりにでも唄ったのか、まさに自然の猛威に対処するたくましい我が祖先の生きざまを示していて学ぶことが多い。

　（四）　盛夏の頃
　一、びきりぬかたぬ　はんきるんけ　　男衆の肩が　はげるほどに
　　　ぶなるぬ　ちぢぬ　はんきるんけ　女衆の頭頂が　すりむけるほどに
　一、んまぬ　しーぬ　はんきるんけ　　馬の背中が　はげるほどに
　　　うしぬ　しーぬ　はんきるんけ　　牛の背中が　すりむけるほどに

　待ちに待った収穫期の到来である。手刈りで刈り取った稲束を、男衆は肩に担ぎ上げ、女衆は頭頂に載せ運び、そして馬、牛には背中に満載する程に豊作を迎えさせて下さい。またはその喜びを唄っていて、この唄からは田んぼのぬかるみに足を取られながらも、難儀な労働の中にも豊作を乞い願う喜ぶ人々の姿が思い浮かぶのである。

　（五）　秋の頃
　　いにあわのいるや　　　　　稲粟の色は
　　　はたちぐる　みやらび　　二十才頃の乙女のようで
　　ちぢ　ちゅらさ　あてぃど　粒揃いで見事であるよ
　　　うはつ　あぎる　　　　　まずはお嶽の神に初物を捧げましょう

　黄金色に輝く稲穂はまずは脱穀、精米をしていよいよ白米に。まずは真っ

先に御嶽の神に捧げよう。まさに願いが成就し、その豊作の喜びと感謝・お礼。そして来夏への願いが凝縮された唄である。この唄、そして舞踊は村人がこぞって参集する嘉保根御嶽での三大祭「結願祭」にて奉納されるもので、数ある奉納演目の中でもこの「小浜節」が演じられる時は、境内の周りは静粛かつ村人の心が一つになる思いである。まさに村人の絆を確かめ合う貴重な時間と空間でもある。

三、むすび

このように我が小浜島の唄踊りなどの芸能は、農耕とりわけ稲作を軸として時節折々に成り立っていて、まさに慈雨、天候などの自然界の恵みへの願いに満ちている。このことは逆に自然災害、病害虫との対峙その祈りのくり返しの歴史であったことを物語っている。

このことは当地小浜島に限らず、ここ八重山のどの島々、村々にあっても同じことがいえる。特に共通なのは、往古の昔から五穀豊穣のみならず、各集落の繁栄と無病息災を乞い願う祈りの場となる鎮守の杜「お嶽」が大切にされてきたということである。

今、めまぐるしく進展する社会にあって、村びとの心の拠ともなっていた「お嶽」への敬い、あるいは畏怖の念のような尊い精神文化なるものをいつまで保ち続けていけるかを考えた時、ふとさまざまな想念が頭をよぎるのである。

うっそうと茂る樹林の中にひっそりと佇む御嶽。それは人が人として生きる道を示してくれる大切な存在、空間なのだと思うからである。（小浜島公民館長）

小浜島のかつての「アカッツァバナ」の松並木は、炎天下の暑い日、重い薪材を頭に載せて歩く女性達を見守った道標であったが、戦時、伐採されて今は、思い出のみであったので、花城正美氏が画家の長田政一氏に依頼して描かれた。

八重山の御嶽の巨樹・巨木

前津 栄信

　八重山における巨樹・巨木のほとんどは、各島々、村々の拝所である御嶽の境内、御嶽林内に存在している。八重山では昔から、御嶽は神の宿る聖地として尊び、人々はむやみに足を踏み入れることを慎んできた場所である。御嶽の木を切ったり、取ったりすると罰が当たると畏れ、御嶽林の自然を破壊することはなかった。そのために、御嶽には巨樹・巨木が残っているのである。

　これら巨樹・巨木の中には、自然に生えた自生種もあれば、御嶽を信仰する氏子たちによって植えられた樹種もある。海岸近くの御嶽に多く見られるハスノハギリやテリハボクなどは、種子が海水によって運ばれ海浜に漂着して発芽し成長して、今日の巨樹巨木になったものと思われる。

　内陸域の御嶽にあるフクギ、リュウキュウマツ、センダンなどの巨樹・巨木は、台風時の強風によって運ばれたり、鳥によって運ばれた種子がそこで発芽し、成長した自生種もあれば、氏子たちによって植栽されたものもあると思われる。

　これらの巨樹・巨木は、1～2年で巨木になったのではない。100年、200年あるいはそれ以上の年代を経て、今日のような威厳のある巨樹・巨木になったのである。

　この巨樹・巨木は地域の誇りであり、自然を敬い、自然に対する畏敬の念を持つという精神を育む大切な自然遺産であり、文化遺産である。この貴重な遺産を保存し、活用していくためには、御嶽林の自然の実態を知ることが重要である。そこで、石垣島内における御嶽の特徴的例をいくつか紹介する。

1. 御嶽の構え

御嶽の構えは、門(入り口)、参道(庭)、拝殿、参道、イビと続いていて、その全体が石垣で囲まれているのが一般的である。ほとんどの御嶽の入り口には鳥居があり、鳥居・参道・拝殿・イビは、一直線状になっている。

イビは、石垣に囲まれていて、入り口には平たい大きな石が乗せられている。石の乗せられていない所もある。イビの奥に香炉が置かれていて、最も重要な聖域である。イビには、男性は入れず、神に仕える「ツカサ」と呼ばれる女性のみが入れる所である。

イビの香炉の置かれている所は、小さな社がある所と、社はなく、岩があったり、木であったりの所がある。御嶽の前方の拝殿域と後方のイビ域とを石垣で区切り、イビ囲いの石垣を二重にしている御嶽もある。

2. 御嶽の向き

石垣島内の御嶽の向きを見ると、南向きが一般的であるが、東向き(川平の群星御嶽・浜崎御嶽、崎枝の崎枝御嶽、新川の長崎御嶽、登野城の糸数御嶽など)、西向き(川平の赤イロ目宮鳥御嶽、登野城の美崎御嶽など)、北向き(川平の山川御嶽など)の御嶽もある。

吉原にある仲筋村「ネバル御嶽」は、広大な海岸林を境内としている。門(鳥居)は、林の南端で南向きのものと、林内奥への長い参道を行った所に拝殿があり、その裏(北側)約10mの海岸に西向きの入り口(鳥居)がある。

二つの入り口(鳥居)を持っている御嶽は、この御嶽だけであり、さらに、この御嶽には二つのイビがある。イビは、入り口に高さ約1m、長さ約2mの石垣が左右に積まれていて、奥に香炉が置かれている。

境内御嶽林の植生は豊富で、「仲筋村ネバル御嶽の海岸林」として、沖縄県指定天然記念物に指定されている。

この林内には、フクギ、テリハボク、タブノキ、アカギ、リュウキュウキョウチクトウやリュウキュウハリギリなどの巨木があり、稀少種のクサミズキやアコウネッタイランなどがある。

3．御嶽に見る巨樹巨木の例

＜川平地区＞

①群星御嶽

　リュウキュウマツ、フクギ、テリハボク、センダン、ハゼノキ、タブノキ、デイゴ、シマグワ、ヤンバルアカメガシワ、デイゴ、ビロウ、アカギ、ホソバムクイヌビワなど。

　巨樹・巨木が多く、生育状況も良好であるが、境内の土砂流失により木の根が露出していて、土砂流失防止対策が必要。

②山川御嶽

　フカノキ、センダン、デイゴ、フクギ、テリハボク、ハゼノキ、タブノキ、ビロウなど。

　境内は雑草があまりなく、土砂流失防止対策が必要。

③赤イロ目宮鳥御嶽

　アコウ、テリハボク、タブノキ、フクギ、ビロウ、リュウキュウマツなど。

　境内は雑草が少なく、雨水による土砂流失が大であり、対策が必要。

④浜崎御嶽

　サキシマハマボウ、アカテツ、テリハボク、ハスノハギリなど。

　川平湾の砂浜域にあり、砂の流失に注意が必要。

＜崎枝地区＞

⑤崎枝御嶽

　フクギ、タイワンウオクサギ、ガジュマル、ヤンバルアカメガシワなど。

＜名蔵地区＞

⑥名蔵御嶽

オオバアコウ、フクギ、タブノキ、センダン、ヤンバルアカメガシワ、シマグワ、ヤエヤマヤシなど。

　広大な名蔵平原のサトウキビ畑に囲まれた森の名蔵御嶽林は、巨樹・巨木が多く分布しているが、入り口周辺にあったガジュマルの巨木は、数年前に台風で倒壊した。林内のフクギなどの枯死も見られる（2017年12月9日の調査により南根腐病による枯死と確認された）。今後その対策が必要である。林内のヤエヤマシタンは、氏子によって植栽された。

⑦水瀬御嶽

　ガジュマル、アコウ、タブノキ、リュウキュウハリギリ、オオバアコウ、ヤンバルアカメガシワ、アカテツなど。

　水瀬御嶽は、名蔵御嶽の西約50mの位置にあって、拝殿はなく、鳥居をくぐり雑草の多い参道を約20m奥へ進むと大きな岩があり、前に香炉が置かれていて、イビとなっている。その前にリュウキュウハリギリの巨木がある。平久保、米原、吉原地区などでは見ることのできるリュウキュウハリギリが、島の表地区で見ることのできるのは、ここだけである。

＜四箇字地区＞
⑧真乙姥御嶽

　オオバアコウ、テリハボク、クロヨナ、アカテツ、リュウキュウガキ、クワノハエノキ、フクギ、クスノハガシワなど。

　真乙姥御嶽は、住宅街にあって境内は狭く、四方は道路に囲まれている。庭は人の踏み入れが激しく、下草はほとんどなく、土砂の流出が多い。境内にあるアカテツ、クロヨナ、フクギなどが枯死している。踏圧なのか、南根腐病によるものか調査し、対策を講ずる必要がある。

⑨長崎御嶽

　テリハボク、クワノハエノキ、シマグワ、モモタマナ、クロヨナ、マルバチシャノキなど。

当御嶽は、住宅地にあって公園として利用されていて、境内は雑草など下草が少なく、土砂の流失対策が必要。

⑩宮鳥御嶽

　フクギ、アコウ、アカギ、ヤンバルアカメガシワなど。

　2007年、樹齢200年ほどのクワノハエノキや琉球政府指定の天然記念物のリュウキュウチシャノキが立ち枯れた。クワノハエノキ（幹周り2.55m）も枯死した。

　かつて、巨樹・巨木の多い御嶽であったが、近年、木々の枯死が多い。南根腐病によるものか調査し、対策を講ずる必要がある。（2017年9月調査）

⑪美崎御嶽

　フクギ、テリハボク、ハスノハギリ、モモタマナ、シマグワ、クロヨナ、ガジュマルなど。

　当御嶽は、市街地にある御嶽林としては面積が最も広く、植物の種類が多い。鳥居や拝殿周辺は人の踏み入れが激しく、雑草が生育せず土砂の流出が多く裸地となっている。前庭の土砂の流失が大きく、対策が必要である。

⑫天川御嶽

　テリハボク、ハスノハギリ、クワノハエノキ、モモタマナ、オオバアコウ、フクギ、マルバチシャノキなど。

　当御嶽は、住宅街にある御嶽林として、庭はゲートボールなどの遊び場となっていて、植物種は少ないが巨樹・巨木が多い。

＜大浜地区＞

⑬崎原御嶽

　フクギ、ガジュマル、シマグワ、モモタマナ、オオバアコウなど。

　当御嶽は、前面だけ境界が示されていて、東方、北方側は海岸までが

境内となっている。稀少種のリュウキュウチシャノキが自生している。

＜宮良地区＞
　⑭山崎御嶽
　　テリハボク、ハスノハギリ、リュウキュウキョウチクトウなど。
　　当御嶽は海岸の砂地域にあり、海浜植物に覆われている。氏子によるフクギ苗の植樹がなされている。

　⑮小浜御嶽
　　オオバアコウ、テリハボク、シマグワ、リュウキュウチシャノキ、フクギ、ガジュマル、タブノキなど。当御嶽は国道390号の宮良坂にあり海岸植物に覆われている。稀少種のリュウキュウチシャノキは自生であり、石垣市指定の天然記念物となっている。

＜白保地区＞
　⑯多原御嶽
　　テリハボク、ハスノハギリ、フクギ、デイゴなど。
　　当御嶽は白保集落の北東海浜域にあって、海浜植物に覆われている。

＜平得地区＞
　⑰宇部御嶽
　　クロヨナ、シマグワ、ガジュマル、クワノハエノキ、テリハボク、タブノキ、ヤエヤマヤシ、イヌマキ、リュウキュウガキ、フクギなど。
　　当御嶽は平得集落の北に位置し、前は産業道路が通っている。拝殿の裏は多くの樹木に覆われている。

＊石垣島における古木の大きさについての疑問
　他県の神社仏閣の巨樹・巨木は、幹周10m以上、胸高直径が5m以上が数多く見られる。なぜ、石垣島の植物は他県のように巨大にならないのか疑問である。というのも、日照時間が長く、成長に必要な光合成作用の要

件は十分に整っているはずなのに……。幼少の頃、鹿児島で造林業者の方が祖父を訪ねて来られ「鹿児島ではイヌマキは40〜50年では柱として十分使える」と語ったが、祖父は「ここ八重山では60〜70年かかる」と話したことについて今日でも不思議に思っている。

＜終わりに＞

　かつては、神の宿る所、聖域として、人々はむやみに足を踏み入れなかった御嶽も、今日は皆の「遊び場・公園」として利用されている所が多く見られる。人々の価値観の変化や生活環境の変化により、御嶽の巨樹・巨木の保護保全が難しくなってきている。

　また、これまで経験したことのないデイゴヒメコバチの出現や南根腐病の発生などにより、御嶽の巨樹・巨木という貴重な自然遺産、文化遺産が消滅していくことは、誠に残念である。各村々にある御嶽の巨樹・巨木を保護していくための対策の研究に努めることは極めて重要である。

(2017年12月10日)

台湾と八重山の特定樹木の保全における共通の問題

傅 春旭
（台湾・林業実験所研究員）

　八重山地域と台湾の密接な関係を踏まえて、台湾の病虫害に調査対象を絞り、八重山地域において発生する樹木病虫害の研究を行った。その結果ヘゴの萎凋病、マツの材線虫、ソテツマルカイガラムシ、ヤシキムネクロナガハムシは見つからなかったが、南根腐病とデイゴヒメコバチの被害は台湾とほぼ同程度見つかった。しかし御嶽内のデイゴヒメコバチの被害は抑制されているにも関わらず、南根腐病の被害は防除ができず広がっていく一方である。

　台湾と石垣島とは非常に密接な関係で、気候や植栽条件が近く、地形や位置的にも似ている。住民の大自然や祖先に対しての畏敬も似通っている。従って特定樹木への関心も同じである。ただ我々台湾人は単純に老樹や保護樹木と言うだけだが、石垣島の住民は御嶽の樹木に対してはとりわけ強い関心と守る気持ちを持っている。

　かつて、日本の植物学者であり台湾の植物研究のパイオニアでもある田代安定は、八重山を訪れていた。現地の風習、風土病、動植物を幅広く調査し、それを「八重山群島急務意見書」に纏めている。石垣島は台湾に近く、両地域の住民の交流も頻繁に行われているため、調査ポイントは過去から現在の台湾で発生した樹木の病虫害に置かれている。特に外来種の病虫害、例えばヘゴの萎凋病、マツの材線虫、南根腐病、デイゴヒメコバチ、ソテツマルカイガラムシ、ヤシキムネクロナガハムシなどについてである。

　石垣島に滞在している間、過去に台湾から輸入された水牛が農業で非常に大きな貢献をしていたことを知った。現在では観光産業でも活躍しているようだ。

　パイナップル栽培も台湾の専門家と提携しているようだ。さらに毎週約千人近くの台湾人観光客がクルーズ船で訪れている。以上のことから台湾

で被害を受けた樹木の外来病虫害を対象にして、八重山地域で調査を行うことを考えたのである。

ここ十数年間、台湾のソテツはマルカイガラムシに散々やられ、八重山地域では見られなくなっている。近年台湾でキムネクロナガハムシの被害は出ているが、幸いなことに八重山地域での被害はない。万が一ヤシ類を蝕むキムネクロナガハムシがヤエヤマヤシに寄生すると、どのような被害を受けるだろうか。ヤエヤマヤシは石垣島及び西表島の貴重な在来種ヤシである。このヤエヤマヤシは幹直径約30㎝、樹高約25メートル、日本の「国指定天然記念物」である。近年、台湾では大量のヘゴが枯死し、原因となっている萎凋病も八重山地域の被害は見つからなくなった。樹木は成長してよく茂り、まるで十数年前の未発病時の台湾の様子である。

筆者が初めて沖縄を訪れたのはマツノザイセンチュウに関する調査・確認のためだった。台湾からは約1時間の飛行であったが、石垣島ではマツノザイセンチュウに感染の是非については、あまり関心がないようであった。石垣島のマツには沖縄本島や日本本土のような防除マークを付けているものが見られなかった。しかし御嶽内や周辺の樹木は台湾と同じく何らかの病虫害の影響を受け、成長異常や枯死に至っているものがあった。例を挙げると2009年からの数年間は、竹富島の世持御嶽の百年デイゴは花が咲かなくなり、葉が落ちていた。

竹富島では実行委員会を結成し、薬剤購入費用を調達するため、全国に協力を呼びかけた結果、予想を上回る募金が寄せられ、アトラック駆除剤を購入し、ただちに樹幹注入を実施した。早急に駆除したことが功を奏して、現在では枝葉が茂り花も昔のように盛んに咲いている。台湾にある街路樹や学校内のデイゴの老樹は、石垣島の御嶽の樹木と同じような関心を持たれておらず、防除対策もされていない。ほとんどのデイゴの老樹は長年にわたってヒメコバチの被害を受け、樹勢が衰弱し微生物に感

竹富島のデイゴ救済運動お礼の看板

染して枯れていく運命である。

　台湾の南根腐病は、日本学者の澤田兼吉さんによって日本統治時代の1928年に恆春熱帯植物園で初めて見つかった。近代日本において南根腐病が初めて発見されたのは沖縄県の石垣島で、発見されたのは1988年 (Abe et al. 1995) である。

　案内してくださったのは大浜小学校校長を退職された前津栄信先生である。先生のお話によると、石垣島の御嶽内の南根腐病が発生したのは2007年のことである。宮鳥御嶽の樹木が次々と枯死していき、南根腐病による被害と認定されたが、その対策はなされなかった。ついには天然記念樹木に指定されたリュウキュウチシャノキにまで感染し、枯死した後は伐採されて現在は記念碑しか残っていない。

　現在南根腐病は数十メートル先まで広がり、石灰岩で作られた石垣を越えて一般市民の立ち入り禁止区域にまで達した。宮鳥御嶽では病害にかかった樹木のほかに心配されていることがある。それはすぐ傍に幼児園があり、いつ倒れるか予想が出来ない樹木の傍らで子供達が遊んでいることで、見ているだけで怖くてたまらないのである。

　真乙姥御嶽の南根腐病は、御嶽の端の方まで感染が蔓延していて、突然樹木が倒れると人や車等に被害が出る恐れがある。樹木の根元部分には南根腐病の子実体（キノコ）ができ、現在も風で胞子が拡散され続けている。

　もう一カ所の名蔵御嶽は、台湾と比較的密接な関係がある。それは日本統治時代に大勢の台湾人が石垣島に移住して仕事をしていたが、八重山に馴染めずホームシックになったり、体調不良や重病にかかった人々が、名蔵御嶽に参拝してから神様のご加護を享受し、回復し健康になったからである。

　昔から台湾と関わりのある住民も、清明の節になると参拝している。古びた御嶽の建物は歴史を表すと同時に、管理が必要なことを人々に知らしめる。御嶽の周囲にある樹木は、数年前から枯死が進行して一部の区画の樹木は消え、雑草やクワズイモなどに変わりつつある。

　平べったい形をした南根腐病の子実体は、クワズイモが胞子の拡散を助けている。御嶽内の樹木が南根腐病の被害を受けると、その被害がさらに公園や学校や街路樹にまで及ぶことが考えられる。八重山毎日新聞の記者

は、調査結果などを翌日の新聞に一面で大々的に掲載し、管理機関に対して注意と防除対策を呼びかけた。

　李春子先生は、これは深刻な問題になると思い、石垣市の関係者と通訳を通じて会談が実現した。私は長年にわたる台湾の経験を説明したが、市の担当者はさほど深刻に考えられていないようであった。しかし住民全体が南根腐病に対する強い意識を持っていれば、行政も動く根拠となって防除対策に繋がる可能性がある。

　竹富島にある御嶽内の樹木にも枯死問題はあるが、南根腐病による被害はない。2年前に枯死した樹木からキコブタケ属（南根腐病と同じ属）の子実体が発見されたが、病原性は非常に弱いものと考えられる。

　厳密にこのような菌類の病原性を証明するには、比較的長い期間が必要である。西表島の御嶽内の樹木にこのような枯死問題がないのは、実に幸いなことである。石垣島では御嶽の訪問後に八重山高等学校へ出向き、校内の樹木枯死の原因究明に協力することになっていた。結果的に南根腐病は、石垣島で数年間被害が広がり続けているのである。

　病害の樹木は枯死後に伐採や撤去をされたが、事後処理はされなかったためにほかの樹木にも感染が見られ、後に補植した樹木にも感染してしまっていた。主要道路に沿って視察したところ、街路樹の欠損や枯死も南根腐病の被害によるものであった。南根腐病の被害は既に八重山地域にある御嶽内の樹木のことだけではなくなってきている。

　筆者の南根腐病の防除経験を基にすると、感染速度は遅いので管理者の判断に左右されがちであり、しかも花の咲かない樹木に対して住民の衝撃はあまり強くはない。日本においてマツノザイセンチュウや竹富島のデイゴヒメコバチを積極的に効率よく防除することは、実に管理者の能力を試すことなのだ。そしてそれには地域の人々の関心と行動も大きく関わる。

　とはいえ幸いなことに台湾で樹木に被害が及んでいる一部の病虫害は、八重山地域では見つかっていない。だが南根腐病とデイゴヒメコバチ以外にも、御嶽の樹木は台湾の老樹のようにさまざまな問題に直面している。それは樹木の病虫害問題であるが、外来生物の侵入とは関係がなく、あくまでも現地で発生する病虫害の問題に過ぎないのである。

（1）南根腐病

　南根腐病の予防治療について主要部分を二つに分けて考察する。一つは区画全体の防疫について考える。病害の伝播を防止するため、病害の樹木を伐採し根系の患部を土壌から除去する。主根は掘削機などで掘削し、細根は手で拾い取り除く。伐根した樹木はすべて焼却炉で焼却し、無作為な廃棄で病害が再び拡散しないようにする。
　土壌から残根を極力取り除いた後、ダゾメットを使用し土壌燻蒸消毒を行う。一定量の燻蒸剤ダゾメットを罹病域の土壌中に充分混ぜた後、適量水を加えて土壌燻蒸消毒を行う。ダゾメットの効能を充分に発揮させるめ、罹病域の土壌周囲に隔離溝を設置し、作業後は直ちに燻蒸する範囲に不通気性ポリエチレンシートを被覆する。燻蒸期間は2〜4週間で消毒作業が完了する。
　燻蒸消毒の効果を調査するため、台湾の林業試験所が技術移転して実施した「南根腐病防疫試験過程及びサンプリング製作」によって、南根腐病の防疫効果を検証する。これによって一連の作業をさらに完全なものにする事ができる。
　もう一つは貴重な老樹が感染した場合の有効な措置についてである。台湾や香港において貴重な老樹の南根腐病は、外科手術による治療が行われている。
　原理は単純で、外科手術によって南根腐病菌に感染した患部を切除すると、すぐに治療効果が現れる。しかしその手順は繁雑で、例えば罹病域の土壌に前記の説明に沿って燻蒸消毒を行い、それと同時に患部を切除する過程で樹木を固定する必要があり、手術中に倒木する危険を回避しなければならない。手術後は必ず養生する事で、貴重な老樹を樹勢回復する事ができる。なお、このような措置・実施は必ず専門家により行うべきであろう。

（2） シロアリ

　小浜御嶽の樹木で発見されたタイワンシロアリを除き、そのほかの地域において御嶽内の樹木はシロアリによる被害が甚大である。シロアリによる被害は、タイワンシロアリを除くイエシロアリやカンザイシロアリが、御嶽内にある樹木の大樹や老樹に危害を及ぼしていると推測される。シロアリは樹木を枯死させる事はない。しかし、弱体化した結果風圧によって倒木や最悪の場合、甚大に侵食された樹木は自立能力を失い風が無いのに倒木する事例がある。
　シロアリの防除は非常に専門的な分野であり、シロアリの習性は各種異なっている。一般的に地下シロアリ型と乾材シロアリ型に大きく2分類され、コロニー（巣）の場所によって区分される。イエシロアリとカンザイシロアリは乾材シロアリ型に分類され、樹木や木材の中にコロニーを作る。シロアリは木材を摂食すると消化器管内に共生する鞭毛虫を利用してセルロースを分解し、栄養を摂取する。
　シロアリは鞭毛虫の安全な生息場所を体内に提供している。このようなシロアリは木造建築ではコロニーの除去、薬剤を使用した燻蒸、ベイト工法で防除する。ベイト工法に使用する薬剤はヘキサフルムロン(Hexaflumuron)と特殊なパルプを混合したもので、このベイト剤を使用してシロアリを誘引し喫食させる。
　社会性昆虫であるシロアリは、幼虫に栄養を与えるが、ベイト剤を摂食した働きアリがコロニー内で幼虫に与え、その幼虫の脱皮を阻害し、その幼虫は成長することが出来ずに死亡する。このようにして正常な働きアリはコロニー内で減り続け、コロニーは壊滅する。
　このベイト剤は商業化への応用が既に成功しており、セントリコン・システム(Sentricon* Colony Elimination System)が代表例である。地下シロアリ型はタイワンシロアリが代表的な例で、その被害は軽微であると一般に認識されている。このタイワンシロアリは、オオシロアリタケというキノコの坦子菌と共生している。

シロアリが木材や樹皮を咀嚼すると消化の過程でキノコの胞子と混じり、その後吐瀉または排出した糞をドーム型に集積し菌園を造り上げる。この菌園はコロニーの核心部であり、糞の上で育つキノコの菌糸体がタイワンシロアリの栄養源となる。ゴキブリのような外見をした王アリや女王アリは菌園の上部もしくは側部で活動している。

　繁殖の季節が到来しシロアリが群飛すると、美味なオオシロアリタケがコロニー内で成長する。オオシロアリタケが発生した場所を掘り起こすと、王アリと女王アリを含むコロニー全体を効率的に取り除く事が出来る。

　しかしこれはオオシロアリタケの子実体が形成された場合のみ可能な防除方法である。一般的にはゴキブリに類似した特性を利用したシロアリ用のベイト剤で防除する。これは非忌避性のシロアリ殺傷用の薬剤である。

　シロアリが比較的高濃度のベイト剤を摂食し死亡すると、働きアリが死骸を持ち帰りコロニー内で仲間と分け合う。共食いしたシロアリは胃毒性により死亡する。シロアリはその後も共食いを繰り返し、ほかのシロアリを死亡させ続け、最終的にはコロニー全体のシロアリを根絶させる。このようなシロアリ防除用ベイト剤の代表的な成分はフィプロニルである。

　カンザイシロアリの主な侵入経路は樹幹や太枝の傷口であり、傷口の処理はカンザイシロアリの侵入の防除に有効である。また巣の位置まで切断する事もコロニーの除去に有効である。反対に被害部位に薬剤を燻蒸または灌注する行為は、シロアリ防除の効果としては限定的である。

　おおよそ推奨されているシロアリの防除薬は、薬剤が個体に接触する事でシロアリを殺傷するものである。このような薬剤の主成分は有機リン剤、ピレスロイド、多種有機リン剤、ピレスロイド混合物である。この薬剤は忌避性で、シロアリの食害を受けた部位に使用したり、巣に命中させても効果は非常に限定的である。特に忌避性の薬剤はシロアリの活動範囲が制限されるため、樹木への食害の危険性がさらに高まる。忌避性の薬剤はシロアリの侵入前に使用する事が望ましく、木造建築においてシロアリの予防策の概念でのみ応用できるものである。

結論

　台湾の南根腐病は長い間放置されていて、実際に防除対策に乗り出したのは園芸緑化の業者であった。2005～2006年の間、台湾景観同業公会全国連合会や各地の森林組合は社会や管理機関に働きかけを強めて、台湾各地に南根腐病の防除対策を展開させた。日本には行動力があり、また南根腐病に理解があると考えている。また面白いことに、台湾で南根腐病の防除に使われている薬剤は、日本から輸入されたものである。日本では厳しい試験を受けた者のみが樹木医になれる。担当になる樹木医が、実際に南根腐病の深刻さを理解した時に初めて、石垣島全体の防除が可能になると考えている。この点については時間に任せるしかない。台湾の樹木が影響を受けた一部の病虫害は、幸い石垣島ではまだ発生していない。我々は仲間として、これらの病虫害があの綺麗な石垣島の樹木に被害を与えないように祈るばかりである。

　本稿の日本語翻訳の前半は闕志杰氏、後半は福田和華氏によって行われた。また、日本語の訂正は島村賢正氏の協力で行われたことに感謝したい。

（台湾・林業試験所研究員）

真乙姥御嶽の南根腐病に感染したクワノハエノキ

南根腐病による樹木枯れおよび空き地

南根腐病の感染ルーツの模式図

Ⅲ 資料編

資料1　御嶽の樹木誌

出典・写真提供：『西表島の植物誌』（西表森林生態系保全センター）

(50音順)

1　アカギ（*Bischofia javanica*・赤木）・方言名（アカン、アカンギ）
2　アカテツ（*Pouteria obovata*・赤鉄）・方言名（トゥモキ、トゥムキ）
3　アコウ（*Ficus superba var.Japonica*・榕）・方言名（アコーキ）
4　アダン（*Pandanus odoratissimus*・阿檀）・方言名（アザン、アザブラー、アザ）
5　イヌマキ（*Podocarpus macrophyllus*・犬槇）別名（クサマキ）・方言名（キャーギ、キャーンギ）
6　オオバアコウ　（*Ficus caulocarpa*）・方言名（アコーキ　※アコウと同じ）
7　ガジュマル（*Ficus microcarpa*・細葉榕）・方言名（ガチバナキ、ガジョーニ、ガザムネ）
8　クロヨナ　（*Pongamia pinnata*）・方言名（アワキ、オバキ、ウバキ）
9　クワノハエノキ（*Celtis boninensis*・桑の葉榎木）・方言名（ナリヤンキ、ナーリャマキ）
10　コミノクロツグ（*Arenga trewmula*・小実の黒次）・方言名（マーニ）
11　サキシマスオウノキ（*Heritiera littoralis*・先島蘇芳木）・方言名（ダイキ、ダイミョーキ）
12　センダン（*Melia azedarach*・栴檀）・方言名（シンダン）
13　タブノキ（*Machilus thunbergii*・楠の木）・方言名（タブキ、アハタブ、タビ）
14　デイゴ（*Erythrina variegata*・梯梧）・方言名（ズグ、アカユラ）
15　テリハボク（*Calophyllum inophyllum*・照葉木）別名（ヤラボ）・方言名（ヤラブ）
16　ハスノハギリ（*Hernandia nymphaefolia*・蓮葉桐）　方言名（ウシヌシタキ、ウシンダニキ、トゥカナチキ）
17　ビロウ（*Livistona chinensis*・蒲葵）・方言名（クバ）
18　フクギ（*Garcinia subelliptica*・福木）・方言名（フカイキ、フクンキ、フケーキ）
19　マルバチシャノキ（*Ehretia dicksonii*、丸葉萵苣の木）・方言名（ケーチキ、ケーブ）
20　リュウキュウコクタン（*Diospyros ferrea* var. *buxifolia*・琉球黒檀・方言名（キダキ、クルキ）
21　リュウキュウチシャノキ（*Ehretia dichotoma*・琉球苣の木）・方言名（――）
22　リュウキュウマツ（*Pinus luchuensis*・琉球松）・方言名（マチ）

■1 アカギ（*Bischofia javanica*・赤木）

方言名（アカン、アカンギ）

　海岸近くの林地や低地などに広く分布し、大木となっているのをよく見かける。また、緑化木として道路などにも植えられており、葉は3出複葉で、葉の縁には鋸歯がある。アカギ（赤木）の名前は材の色が茶褐色であることからついたと言われる。雌雄異株。

　＊長期間浸水後に充分に乾燥すれば高級貴重材として家具材・建築材に適する。

■2 アカテツ（*Pouteria obovata*・赤鉄）

方言名（トゥモキ、トゥムキ）

　海岸に面した平地などに生育し、高さが約10mに達する高木もあれば、低木になるものもあり、小枝や葉の裏面には赤い褐色または灰褐色の短い毛が生える。葉は革質で長さ5～9cm。花は腋生で多数咲き径は5～6mm。花の色はごく淡い灰白色で、まれにしか咲かない。実は黒色のような藍色に熟す。アカテツに似た植物でハマビワがあるが、アカテツの葉裏が光沢があるのに対し、ハマビワには光沢がない。（写真中＝浜崎御嶽のアカテツ）

　＊防潮防風樹木として1級に属する。葉は、ゴムを含み、琉球王朝時代漆器朔に利用した。

＊トゥヌキ　屋号の由来。屋敷の西北方にトゥヌキーの大木があったので「トゥヌヤ」

■ 3　アコウ（*Ficus superba* var.Japonica・榕）

方言名（アコーキ）

　海岸近くの林内に生え、高さは20mにも達する常緑の高木である。葉の側脈は6対から8対、長さ8〜15cm、幅4〜8cmで全縁、両面無毛。実は熟すと径約1cmの大きさになり、白色に淡い紅色を帯びる。鳥やコウモリの餌となり、糞に混ざった種子がほかの木の枝や幹に落ちて発芽する。
　幹から地面に向かって伸びる気根を伸ばす。ほかの木に絡みつき枯らすことから「絞め殺しの木」と呼ばれることがある。
　アコウの仲間であるオオバアコウは、葉が長楕円形で、葉の側脈は9〜11対とアコウより多い。実は熟すと白くやや平たい球形で径6〜7mmでアコウより小型。アコウと同じく「絞め殺しの木」と呼ばれる。

＊防潮防風樹、薪炭として利用。葉は、飼料・緑肥に適する。
＊「鷲の鳥節」（鷲ユンタ）に「大あこうぬ萌やあり　実りあこうぬさしょうり（大アコウが枝を広げ　立派なアコウが生え）本みれば　一むとぅ　枝みれば　百枝（もとをみれば、一つである　枝を見れば、百枝あり）」とオオバアコウが謡われる。

■ 4　アダン（*Pandanus odoratissimus*・阿檀）

方言名（アダヌ）

　海岸の近くの荒れ地や湿地などによく生え、高さ2〜6mになる常緑の小高木で、太い枝をまばらに出し、支柱根を出す。葉は革質で縁には鋸歯状の短いトゲがある。実は集合果でパイナップルによく似ている。実は食べられるが、あまり味はよくない。ヤシガニがよく食べる。西表島の節祭

のハーリの船をアダンを使って清める。実(豆果)は、海流によって流れる海流散布種子である。

＊支柱根は、縄索の材料として、重用され、葉は帽子を作る。

＊葉は草履、むしろなどに、支柱根はアンツク、モッコなどの民具に利用される。

■5 **イヌマキ**(*Podocarpus macrophylla*・犬槇、樫木)

別名(クサマキ)・方言名(キャーギ、キャーンギ)

　海岸の低地から山地に生育し、高さ20m、径が50cmにも達する常緑の高木である。樹皮は灰白色で浅く縦に裂けている。葉は革質、線形で長さ10〜20cm、幅7〜10mm。葉の縁は全縁、表面は深緑色をしている。雄花は葉腋から長さ3cm程度の円錐状に束生する。実は球形で暗紫色に熟す。

　「樫木」『八重山嶋杣山職務帖』に御用木と記されて、建築材、楽器類等に利用される。カシの木ではない。『中山傳信録』に「樫木ハ一名羅漢松、葉短ク厚クシテ三稜ナリ中国の羅漢松ト同シ。木理堅ニシテ、国中ノ造屋ハ柱ミナ之ヲ諸島皆ミナアリ」、「八重山は樫木、黒木、黄木、赤木、草蓆多シ」とあり、八重山はイヌマキの産地であった。

＊材は白蟻や湿気に強い。そのため古来から建築材・家具材として最も賞用されている。特に、耐白蟻性があるため一等建築材になっている。家の柱用に使われる

ほか、首里城にも使われた。また、庭木や生け垣にも植えられ、竹富町では町木に指定されている。

■6 オオバアコウ（*Ficus caulocarpa*）

方言名（アコーキ）

　海岸近くの林内に生育し、アコウと同じく高さ20mにも達する常緑の高木である。葉は互生、長楕円形で葉先は鋭形、全縁で両面無毛、葉の側脈は9対から11対とアコウより多くなっている。実は熟すと白くやや平たい球形で径6〜7mmとアコウより小型である。

　種子は、鳥によって運搬され、鳥の糞とともに排出されて、岩上や樹上でも発芽し、その岩や樹木を土台にして成長することができる。ガジュマル、アコウと同じくオオバアコウも「絞め殺しの木」と呼ばれている。（写真右＝名蔵御嶽のオオバアコ）

　＊真乙姥御嶽には、幹周り12mを越えるオオバアコウがあり、小浜御嶽にも巨大なアコウがある。ご神木に多い。

■7 ガジュマル（*Ficus microcarpa*・細葉榕）クワ科

方言名（ガチパナキ、ガジョーニ、ガザムネ）

海岸や低地に生育する高さ約10〜20mに達する常緑の高木である。無花果（花嚢）と呼ばれる実を多数付け、鳥やコウモリなどの餌になる。無花果の中には1.5mm程の小さな種子が入っており、鳥などによって運ばれた種子はほかの樹木の幹や枝に定着して発芽する。その後、気根を伸ばし、その一部が地について枝を支える支柱根となり四方に枝葉を茂らせる。日陰をつくるので公園樹として植栽される。（写真右＝米為御嶽のガジュマル）

　＊防潮防風林、緑陰樹として広く植栽される。葉は、緑肥にする。

　＊木の精霊、キジムナーが棲むと言われる。

■8　クロヨナ（*Pongamia pinnata*・黒ヨナ）

方言名（アワキ、オバキ、ウバキ）

　海岸近くの林内に生える15m位になる常緑の高木である。葉は小葉が5枚から7枚の奇数羽状複葉である。花は淡い紅色で枝先に房状に多数つける。実（豆果）は長さ5cm、幅3cmの楕円形で径15mm位の種子が入っている。実は海流によって散布される海流散布種子である。（写真右＝宇部御嶽のクロヨナ）

　＊防風防潮林。葉は、田畑の緑肥として常用される。種子から油が取れる。

■9　クワノハエノキ（*Celtis boninensis*・桑の葉榎木）

方言名（ナリヤンキ、ナーリャマキ）

　日本の固有種で海岸近くの林内に生育する落葉の高木である。葉は互生し長卵形や卵形で長さ5〜11cm、葉の半分ぐらい先に鋸歯がある。葉先は鋭尖形、葉の基部は広いくさび形か円形。実は核果で球形、径5〜7mmで赤褐色に熟す。熟した実は鳥が好んで食べる。（写真右＝長崎御嶽のク

ワノハエノキ)

＊庭園樹・屋敷木として植栽される。材は器具材（まな板など）、実は、児童が好んで食べる。

■10 コミノクロツグ（*Arenga trewmula*・小実の黒次）

方言名（マーニ）

　山野の湿った林内の斜面に生育し、高さ2～5mになる常緑の小高木である。葉柄は黒い繊維に覆われており、長さ1mぐらいになる。葉は長さ1.5～2.5mになり、20～40対の小葉で偶数羽状複葉である。小葉は革質で長さ25～60cm、幅1.5～3cmで、表面は深緑色で光沢があり、裏面は灰白色、葉の縁にはまばらな鋸歯がある。花は腋生し、円錐花序で下に向く。実は球形で径1～1.5cm、橙黄色で、熟すと黒くなる。雌雄同株。

　八重山のものは本種のクロツグに比べて花序の枝が細く、果実も小さいので、コミノクロツグと呼ばれている。石垣市の白保と大浜地域では、豊年祭の時、コミノクロツグの葉を頭に巻いて踊る。大浜では、カスンヤ浜の祈願の時、3本立てて神の依代とする。

　＊新芽は、山菜にする。カゴ、インチャ、カプス神事、ホウキなどの材料に利用する。葉鞘の黒色繊維は、耐久性に優れ、船の綱にして70年ほど保つという。

＊『翁長親方八重山島規模帖』(1858年) には、「芭蕉、クロツグは、衣類や船の縄具等生活に必要なので、植樹して、人数によって本数を定めて植え付けるように」と記された。

■11 サキシマスオウノキ（*Heritiera littoralis*・先島蘇芳木）

方言名（ダイキ、ダイミョーキ）

　西表島では仲間川をはじめ各地の河川沿いに多く見られ、高さ20mを越える大木になる。板状の根（板根）を持つのが特徴。葉は新芽の時期は赤みを帯びており、成葉の裏面は銀色である。花は小さく花びらの内側は紫色をして、実はウルトラマンの頭のモデルである。

　国指定の天然記念物は、古見集落には「古見のサキシマスオウノキの群落」、於茂登トンネル南口の「ンナターラ群落」がある。仲間川の上流部の川岸の木は樹高18m、板根の高さは最高3.1mで日本一で、観光資源の役割も果たしている。

＊サキシマスオウノキの板根は、重硬なため、かつては船の舵として利用されていた。防潮、防風、護岸の植栽に適している。

■12 センダン（*Melia azedarach*・栴檀）

方言名（シンダン）

　低地や山裾などの石灰岩地帯に生育し、落葉の高木で高さ20mに生長するものもある。葉は羽状複葉、小葉は卵形などで葉先は鋭尖形となり、長さ3〜6cm、幅1〜2.5cm。花は円錐花序で白と紫色の花をつける。実は核果で楕円形、長さ2m程度で熟すと黄色になる。

＊家具材・器具材として賞用される。樹皮および実は薬用に利用される。

＊防虫などに強いため多様な道具の材料として利用される。昔は、女の子が産まれたら庭に植えて、嫁入り衣装箱をなど作った。

■13 タブノキ（*Machilus thunbergii*・椨の木）

方言名（タブキ、アハタブ、タビ）

　海岸近くの低地から山地に生育する常緑の高木である。小枝は無毛、緑色で横に広がる。葉は互生で革質、両面とも無毛で楕円形、長さ8～15cm、幅3～7cm。葉の両面は灰白色。花は新しい枝に腋生し、円錐花序に黄緑色の花が咲く。実は径約1cm、緑色から黒紫色に熟す。（写真右＝波利若御嶽のタブノキ）

　＊防潮防風林・風致林・街路樹として植栽される。材は、建築材・器具材に利用される。

■14 デイゴ（*Erythrina variegata*・梯梧）

方言名（ズグ、アカユラ）

　うりずんの季節を飾り、沖縄の県花に指定されている代表的な花で、オオゴチョウ、サンダンカとともに沖縄県の三大名花のひとつ。葉は3出複葉で長い柄の先に3枚の小葉がついている。公園や街路樹などに植えられている。インド原産で高さ10mくらいになる落葉性の高木である。

III　資料編

　2005年からデイゴヒメコバチの被害で、花が咲かず、枯れるデイゴが多かった。2010年、デイゴを救おうと国際シンポジウム「消えゆく沖縄のリュウキュウマツとデイゴを救え」が３月13日石垣市で開催された。以来、樹幹注入剤や散布剤を持続的に実施し、八重山では、デイゴの花が咲くようになった。

　デイゴは、八重山では「あかゆら」と民謡にも歌われて親しまれている。石垣第二中学校校歌では「真紅のデイゴ色映えて、我が学び舎は並び立つ」と歌われる。

　　＊観賞用の他、防潮防風林・街路樹、用材林として植栽される。材は、漆のつきがよいため、琉球漆器の素材や、彫物材（獅子面）に利用された。

■15 テリハボク（*Calophyllum inophyllum*・照葉木）

別名（ヤラボ）・方言名（ヤラブ）

　海岸などで防潮林、防風林に利用されており、高さ20m、胸高部の径80㎝以上になる常緑の高木である。葉は対生し、革質、楕円形で長さ15㎝、幅５㎝くらいになる。また、葉の側脈は多数の平行脈になっている。花はふつう夏に咲くが、数回咲くことがある。花は白色で芳香があり径２～2.5㎝。実は核果で核内に１個の種子がある。

宮良には、明治時代に植樹された宮良川畔「浜川ヤラブ並木」(2010年天然記念物・石垣市指定)がある。
- ＊防潮防風林に好適し、街路樹としてもよい。材は堅く建築・家具材として利用される。また高級用材として指物に用い、琉球紫檀の名で知られる。八重山では、タンス、机などに、実で灯を灯した。
- ＊『翁長親方八重山島規模帖』(1858年)には、「櫨紫檀とヤラブ木を屋敷内に植えて、油・ろうや髪油を製造すれば島中が便利になるので、今後は広く植付けて、製油に念を入れ使用分を調達できるよう取り計らうこと」と記されたように植栽された。

■16 ハスノハギリ（*Hernandia nymphaefolia*・蓮葉桐）
　　　　　　　　　　方言名（ウシヌシタキ、ウシンダニキ、トゥカナチキ）

　海岸近くに生育し、高さ7～20mの常緑の高木である。若い枝は緑色をしており、新しい芽には短い毛が密に生えるが、その後無毛になる。葉は革質で光沢があり無毛、長さ10～30cm、幅8～20cm。葉柄は盾状につき、長さ5～15cmになる。

　花は白色で、全体が短く柔らかい毛に覆われている。実は黒く熟し、楕円形の球形で長さは約2cmである。実（豆果）は海流散布種子である。（写真右＝山崎御嶽）
- ＊防風・防潮林・護岸林に好適。下駄材、彫物材（アンガマ面）などに利用される。種子より得る油は、有毒であるが、薬用として価値がある。種の油には毒があるから、竹富島では「この木の下で弁当を広げない」という伝えがある。種は、海流に流れ着いた所で漂着する。
- ＊ハスノハギリの木で作った入れ物に米（精米する前）を入れ、蔵に1年間保管して

もネズミがよりつかないという。

■17 ビロウ（*Livistona chinensis*・蒲葵）

方言名（クバ）

　海岸近くに生育し、高さ約15m、径40〜60cmになる常緑の高木である。幹には不規則な輪状の凹凸がある。葉はほぼ円形で径1〜2m、葉柄は長さ1.5〜1.8m、幅6〜7cmに達し、太く、断面は三角形である。花は黄緑、長さ4mmほどで特有の臭いがある。実は核果、楕円で長さ1.8cmほどになり、緑黒色に熟す。

　亜熱帯より北の方では、街路樹や観賞用のため公園などに植栽されている。葉は、笠・帽子、扇などに利用される。（写真中・右＝前泊御嶽のビロウ）

　＊八重山では、御嶽林の中に多く見られる。八重山では、古くから神代のこと、「蒲葵ぬ葉ぬ世」という。「竹富島の古謡」で「クバぬ葉ゆんた」「風ぬすぶ夜やよ　くば葉　ぬどう　ふるふる　すんどう」(風の吹く夜に　クバの葉が　ふるふると揺れるよ)と謡われた。

■18 フクギ（*Garcinia subelliptica*・福木）

方言名（フカイキ、フクンキ、フケーキ）

海岸などでは防風林、防潮林として利用され、住居の近くでは街路樹、防風林、防火林として利用される。野生種は山林に生え、高さ15mに達する常緑高木である。葉は対生し、厚い革質で長楕円形、葉の側脈の数は少なく、葉の縁に向かい曲がって伸びる。花は白色で長さ約7mm。実は液果で3個から4個の種子が入っている。

　主幹は真っ直ぐ伸びて樹形が整っており、直根性で石垣や庭を壊さず、防風林などの役割を果たし、昔から屋敷林として最も親しまれる樹種の一つである。5～6月に小さなクリーム色の花を葉の付け根に咲かせる。直径6cmほどの黄色く熟した果実はヤエヤマオオコウモリの餌となる。

　＊建築材や黄色染めの染料として利用された。波照間島の方言でフコンと呼ばれるが、これはフク（石垣）からきたのではないかと考えられる。一方、竹富島では、神司がウビ（イビ）入る時、フクギの葉でイビの空間を清める儀式がある。

■19 マルバチシャノキ（*Ehretia dicksonii*、丸葉萵苣の木）

方言名（ケーチキ、ケーブ）

　庭木として植えられている落葉性の小高木である。葉は互生し厚く、広楕円形などで長さ6～17cm、幅5～12cm、葉の表面は剛毛があるためざらつく。葉の縁は鋸歯があり、葉の基部はくさび形あるいはハート型。白い花が咲き、実は核果で径約1～1.5cm、黄色く熟する。

　＊防潮、防風林や街路樹に適している。

　＊葉は、研磨用に使え漆などを磨く。幹材は、家具などに利用する。八重山では、実が熟する頃、稲刈りをする。

III　資料編

■20 リュウキュウコクタン（*Diospyros ferrea* var. buxifolia・琉球黒檀）

方言名（キダキ、クルキ）

　石灰岩地域や低地の林内に生える常緑の亜高木。幹は直立し、高さ5～7mになり、黒褐色で多くの小枝を出す。葉は長径3～5cmの倒卵状楕円形、革質で硬く厚い。樹皮は黒褐色で滑らか、若い枝には褐色の柔らかい毛がある。葉は厚い革質で堅く、長さ3～6.5cmの卵形をしており、葉の縁は滑らかで全縁。花は若い枝の間から1～3個の小さな花がつく。実の大きさは8～14mmで、若いときは柔らかい毛に覆われており、その後、黄色から紅色に熟す。材質は堅くて重く、床柱や三線の竿などに利用される。

　雄花と雌花とがあり、小枝の葉の腋に数個の淡黄色の小さな花をつけ、1cmほどの楕円形の果実を実らせて黄色から赤紅色、盛夏の頃には黒紫色へと熟す。街路樹や防風林、防潮林、観賞用庭木として植栽される。熟果はヤシガニや小鳥の餌になり、おいしく食べられる。黄色い実は小枝ごと旧盆の仏壇にお供え物として今でも利用されている。

■21 リュウキュウチシャノキ（*Ehretia dichotoma*・琉球萵の木）

方言名（──）

低地に生育する常緑高木である。葉は両面無毛、楕円形で長さ10〜12cm、幅4〜6cm。花は小さく白く、枝先に集まって付き、花びらは5つに分かれている。実は核果で球形、径4mm。

日本では西表島と石垣島に生育している。

＊防風林・街路樹によい。材は、建築用・器具用に使われる。

■22 リュウキュウマツ（*Pinus luchuensis*・琉球松）

方言名（マチ）

海岸から山地に生育し、高いものは約25mにもなり、胸高部の径は約1mに達する常緑の高木である。葉は針のように細く尖っているがクロマツより柔軟で、短い枝に2本束ねた状態でついており、長さ10〜20cm、幅約1.2mm。雄花は黄色、楕円形で長さ14〜20mm。雌花は紫紅色、卵形で長さ3mm。

実は球果で翌々年の秋に熟し、卵状円筒形で長さ3.5〜6.5cm、幅2〜2.5cm。材はシロアリに好まれる。（写真右＝群星御嶽）

（注）────

『西表島の植物誌』（西表森林生態系保全センター）の素材提供を受けたことに対して誌面を借りて感謝したい。また同素材に新たに天野鉄夫『琉球列島有用樹木誌』（沖縄出版、1989年）を援用し、島村賢正氏・花城正美氏から生活全般にわたるコメントを頂いた（＊表記部分）。

資料2　八重山諸島村落絵図

出典：沖縄県立図書館・貴重資料デジタル書庫

　絵図（えず＝絵画的な地図）の出典は沖縄県立図書館・貴重資料デジタル書庫（参照＝http://www.library.pref.okinawa.jp）。「絵図１～絵図６（全202枚）」から許可を得て37枚を掲載した（順不同）。

　掲載された「八重山諸島村落絵図」は、温故学会の創設者、塙忠雄（はなわただお）が1890年、沖縄県属として八重山島役所（現石垣市役所）に勤務していた頃、所蔵していたものとされる。屋敷、道、井戸、御嶽、鍛冶屋、抱護林、サトウキビ畑の製糖小屋等が描かれている。（参考：『八重山古地図展』平成元年、石垣市役所発行）

　絵図には古くからの拝所や製糖小屋などが描かれている。琉球王国時代以来、八重山諸島ではマラリアと闘いながら数多くの開拓村が創成・消滅を繰り返した。その変遷を写し取った絵図という意味でもたいへん貴重な資料、と言われる。

<石垣島＞
1- 石垣島全古図
2- 新川村之図
3- 平久保村
4- 石垣村之図
5- 大川村之図
6- 登野城村之図
7- 大浜村
8- 大浜村全図
9- 白保村
10- 白保村全図
11- 名蔵村全図
12- 平得村
13- 真栄里村
14- 宮良村

15- 宮良村全図
16- 川平村
17- 名蔵村
18- 崎枝村
19- 四箇字、平得、真栄里周辺図
＜竹富島＞
20- 仲筋村之図
21- 仲筋村
22- 玻座間村
23- 玻座間村全図
＜小浜島＞
24- 小浜村
25- 小浜村全図
＜黒島＞
26- 宮里村

27- 宮里村全図
28- 保里村
29- 東筋村全図
30- 保里村全図
＜西表島＞
31- 古見村全図
32- 干立村全図
33- 西表村
34- 西表村全図
＜鳩間島＞
35- 鳩間村全図
36- 鳩間島
＜与那国島＞
37- 鬚川村全図

八重山村落絵図（石垣島）

1-石垣島全古図

八重山村落絵図（石垣島）

2-新川村之図（石垣島）

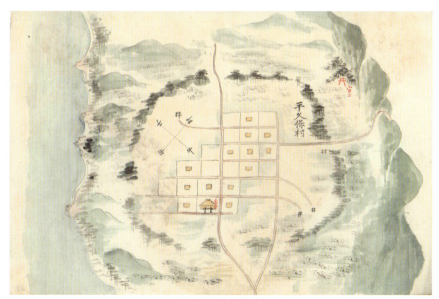

3-平久保村（石垣島）

八重山村落絵図（石垣島）

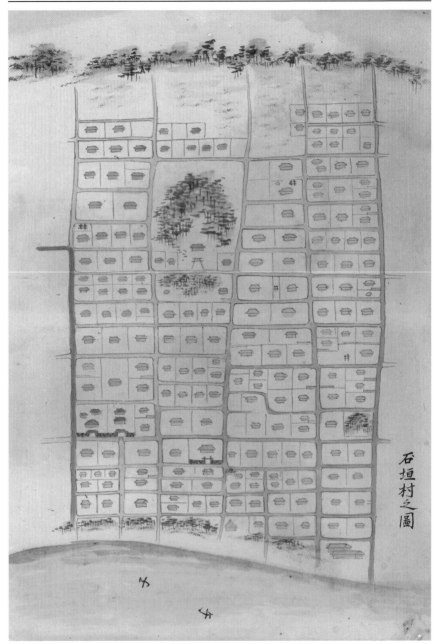

4-石垣村之図（石垣島）

八重山村落絵図（石垣島）

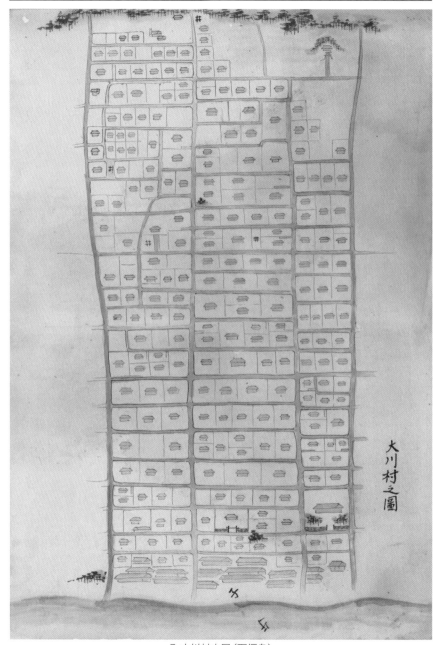

5-大川村之図（石垣島）

八重山村落絵図(石垣島)

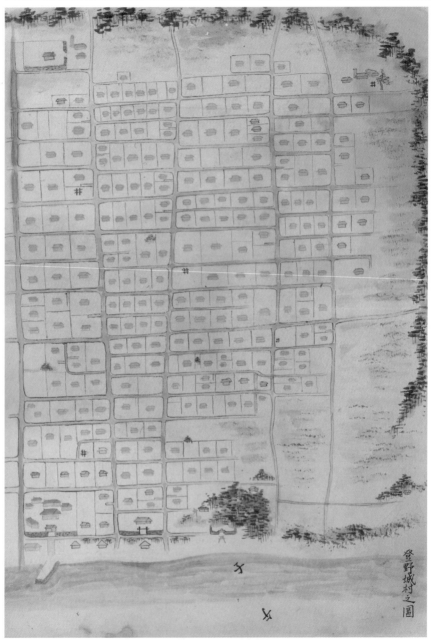

6-登野城村之図(石垣島)

八重山村落絵図（石垣島）

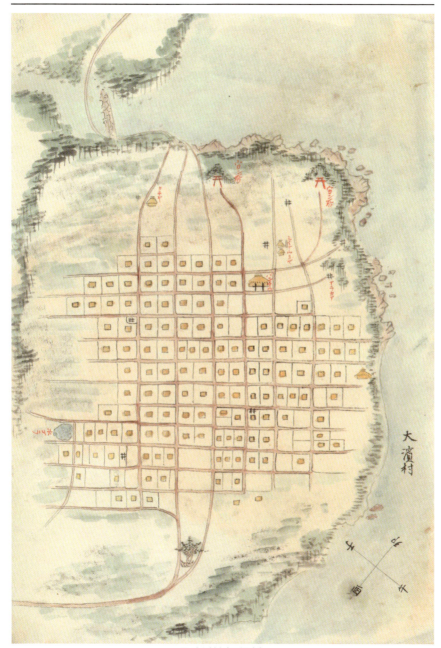

7-大浜村（石垣島）

八重山村落絵図（石垣島）

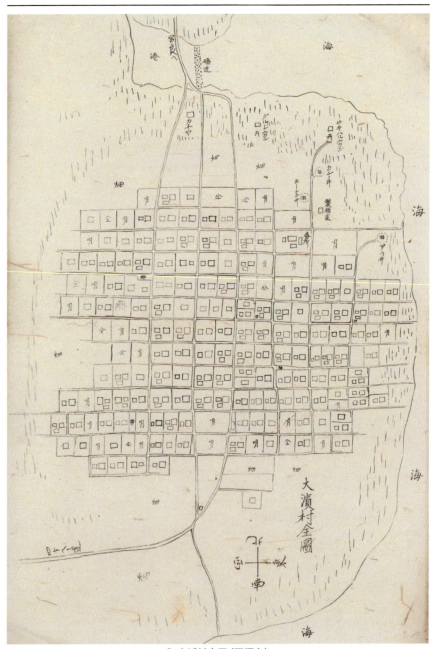

8-大浜村全図（石垣島）

八重山村落絵図（石垣島）

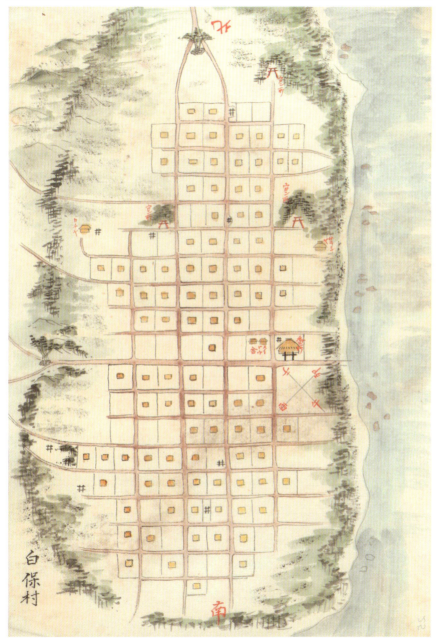

9-白保村（石垣島）

八重山村落絵図（石垣島）

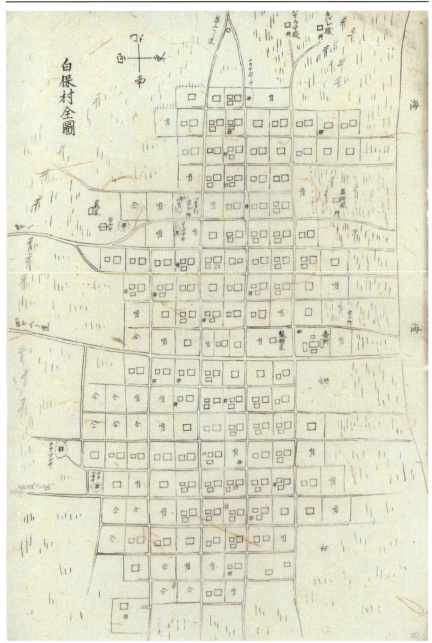

10-白保村全図（石垣島）

八重山村落絵図（石垣島）

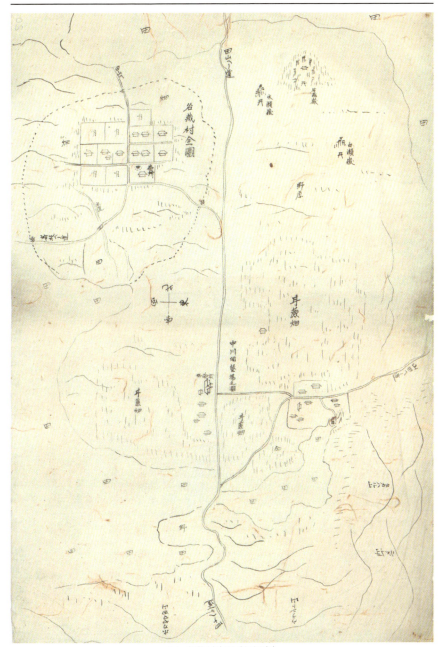

11-名蔵村全図（石垣島）

八重山村落絵図（石垣島）

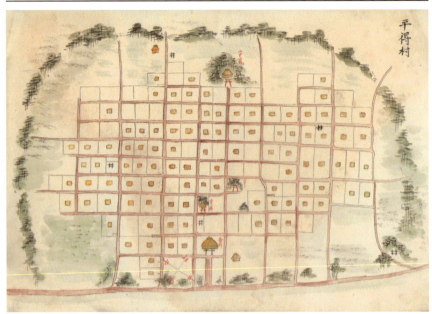

12- 平得村（石垣島）

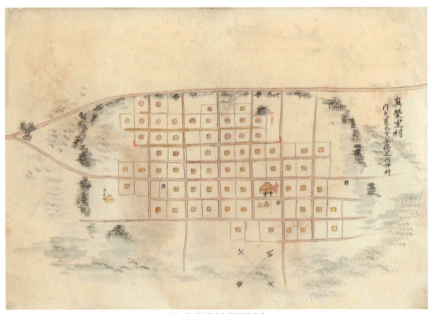

13- 真栄里村（石垣島）

八重山村落絵図（石垣島）

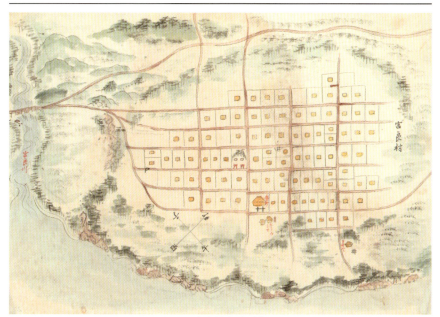

14-宮良村（石垣島）

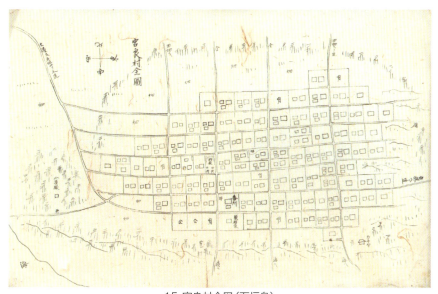

15-宮良村全図（石垣島）

八重山村落絵図（石垣島）

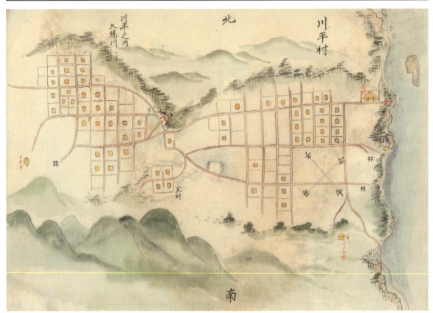

16-川平村（石垣島）

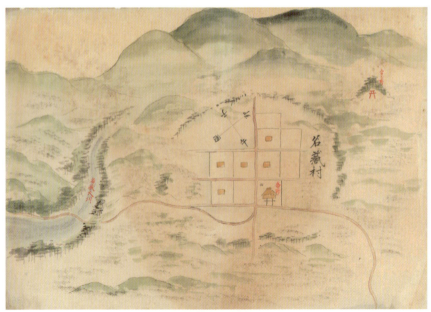

17-名蔵村（石垣島）

八重山村落絵図（石垣島）

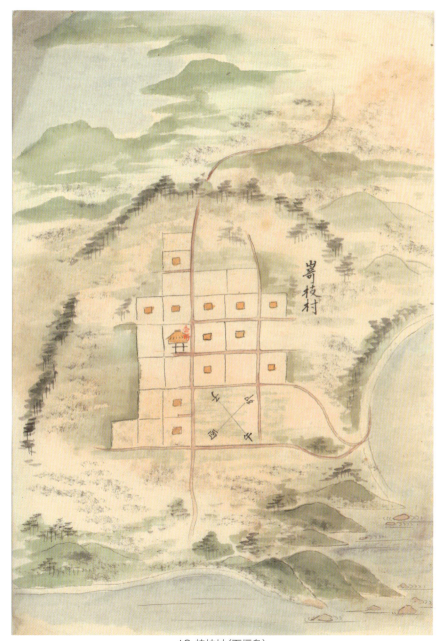

18-崎枝村（石垣島）

八重山村落絵図（石垣島・竹富島）

19-四箇字、平得、真栄里周辺図（石垣島）

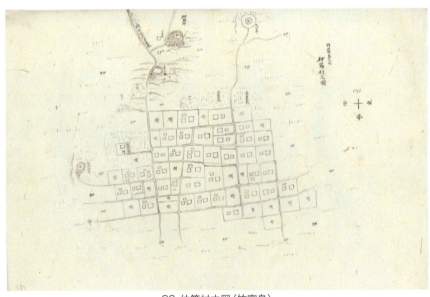

20-仲筋村之図（竹富島）

八重山村落絵図（竹富島）

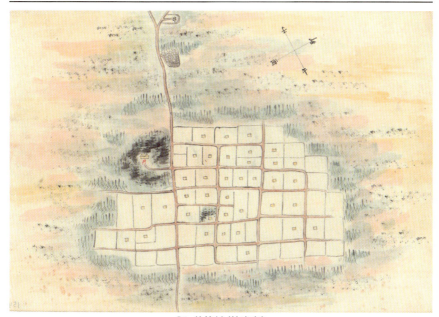

21-仲筋村（竹富島）

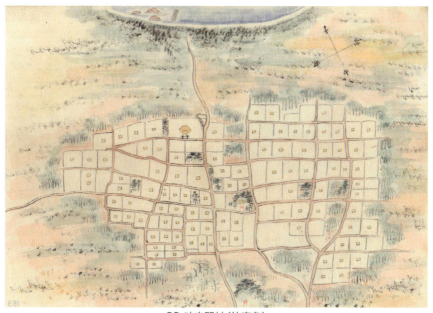

22-玻座間村（竹富島）

八重山村落絵図（竹富島・小浜島）

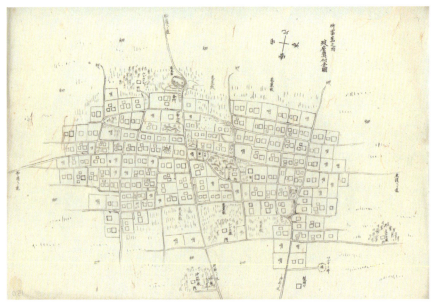

23-玻座間村全図（竹富島）

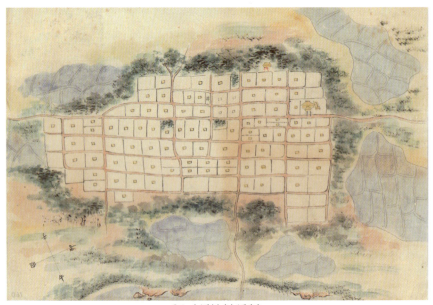

24-小浜村（小浜島）

八重山村落絵図（小浜島・黒島）

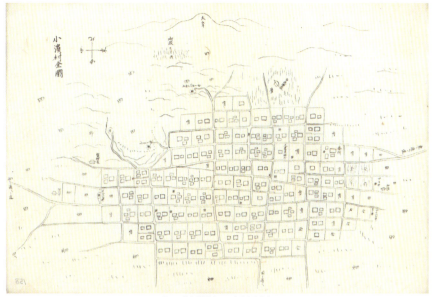

25-小浜村全図（小浜島）

26-宮里村（黒島）

八重山村落絵図（黒島）

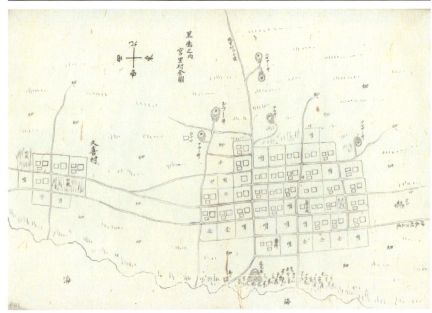

27-宮里村全図（黒島）

28-保里村（黒島）

八重山村落絵図（黒島）

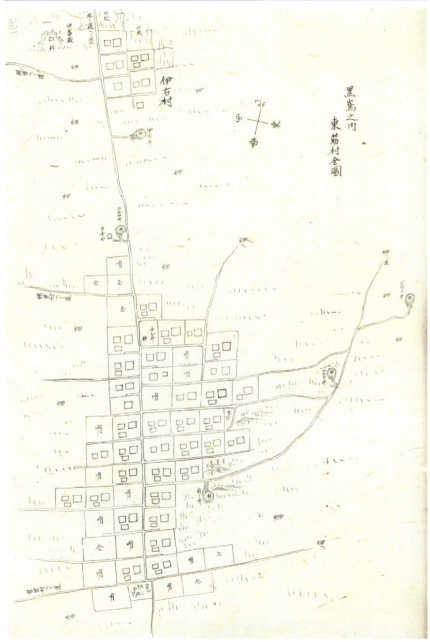

29-東筋村全図（黒島）

八重山村落絵図（黒島・西表島）

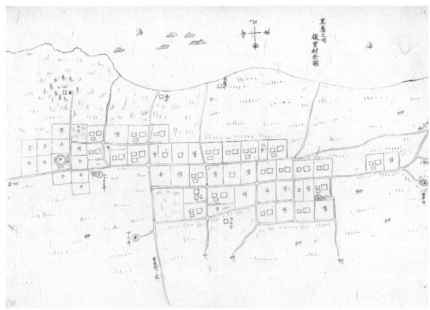

30-保里村全図（黒島）

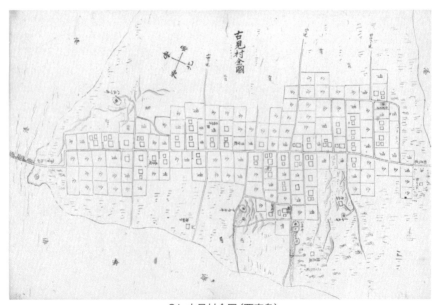

31-古見村全図（西表島）

八重山村落絵図（西表島）

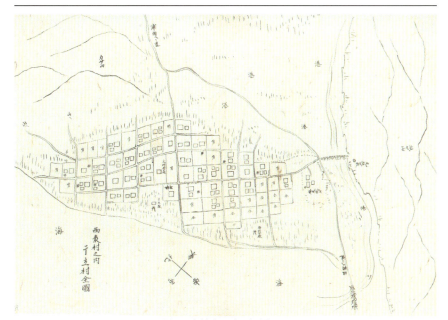

32-干立村全図（西表島）

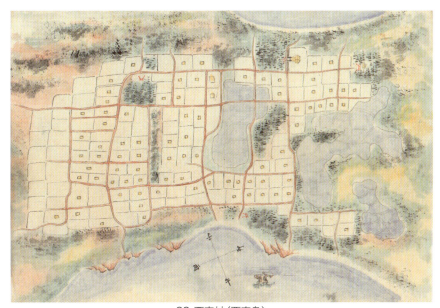

33-西表村（西表島）

八重山村落絵図（西表島・鳩間島）

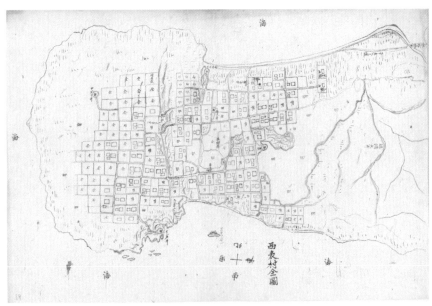

34-西表村全図（西表島）

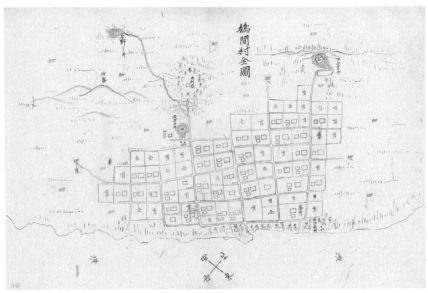

35-鳩間村全図（鳩間島）

八重山村落絵図（鳩間島・与那国島）

36-鳩間島

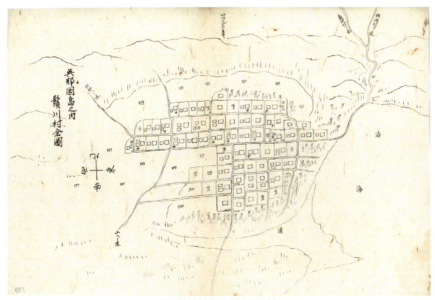

37-鬚川村全図（与那国島）

【注】

　Ⅱ部の李春子論考の注。文献は、著者「論文名」『書名』(発行所、発行年〈西暦表記〉、p00-p00〈引用頁〉)で表記した。

1　「敬森・敬水」という言葉は、「治山・治水(ちさん・ちすい)」に対比して筆者が考案した造語である。『社叢学研究』第15号(社叢学会、2017年、p40)
2　八重山の御嶽の由来・地域文化誌は、1713年に琉球王府編纂により完成した琉球最大の地誌、外間守善・波照間永吉編『定本　琉球国由来記』(角川書店、1997年)、牧野清『八重山のお嶽—嶽々名・由来・祭祀・歴史』(あーまん企画、1990年)、石垣市史編集委員会編『石垣市史　民俗上・下』(石垣市、1994年・2007年)、沖縄県石垣市教育委員会『石垣島四ヶ村のプーリィ』(石垣市、2000年)と各字の地域誌を参考にした。植生は、沖縄県教育委員会編『沖縄県社寺・御嶽林調査報告』(沖縄県教育庁、1981年)と現地調査に基づいて記述する。
3　薗田稔は、祭りは、祈りが主体の「祭儀」と伝統芸能などが披露される「祝祭」という対照的な儀礼があり、「祭儀」は「俗から聖へのコミュニケーション」という。本稿は祈りと祝祭の視点で考察する。薗田稔『祭りの現象学』(弘文堂、1990年、p61-64)
4　宮良當壯「八重山諸島物語」(前號の續)『人類學雜誌』35巻(第一書房、1920年 8-10号、p237-272)
5　浦田原、西多良地、神田原や「白水」という水田地帯など、石垣島の有力な穀倉地帯を形成した。また、名蔵の田畑は「あかんにユンタ(登野城)」でも歌われる「アカンニ田圃」が知られる。石垣市史編集委員会編『石垣市史　民俗上』(石垣市、1994年、p94-95)
6　台湾からの移住は困難が多く、望郷の念を抱き、病んだ移住者も多かったという。名蔵御嶽にお参りして元気になった人が輩出し、1937年には台湾移住者らによって名蔵御嶽が再建された。旧暦8月15日には土地公が行われる。石垣島にパイン産業や八重山農業に大きな影響をもたらした水牛の導入など、台湾の入植者の功績を讃えるため2012年8月10日に「台湾農業者入植顕頌碑」の除幕式が行われた。『八重山毎日新聞』2012年7月12日
7　石垣市史編集委員会編『石垣市史　民俗・上』(石垣市、1994年)
8　外間守善・総編集『南島歌謡大成　八重山篇』(角川学芸出版、2011年)

9 また、岩崎卓爾は『ひるぎの一葉』(糸数原主人・濱崎荘市編、1920年)に、「常緑樹マングローブ自生繁茂セリ干潮ハ紅白ノ招潮子根株ノ下ニ顕ハレ餌ヲ漁ルアリ舞踏スルガ如シ。満潮ハ海中ノ森林トナリ影水中ニ落チ其奇観コソ賞夏ノ郷ノ代表者ナリ、流域ニ牧場アリ数百千ノ牛馬悠々タリ」と記している。

10 1771年の宮良集落の人口は1221人だったが、大津波で1050名が溺死し、わずか127名が生き残った。そこで小浜島から320名を移住させた歴史がある。宮良集落の小高い丘に1983年4月24日「明和の大津波慰霊碑」が建てられ、毎年慰霊祭が行われる。

11 「太古の世、久米山に姉妹三人有り。長女は首里辯嶽に栖居し、次女は久米山東嶽に栖居、後、八重山に至りて、宇本嶽に栖居す。三女は久米山西嶽に栖居し、君南風に任ず。中山、八重山を征伐す。時に首里神有りて曰く、八重山の神と久米山の神とは、原、是り姉妹なり。若し君南風、官軍に随い往きて八重山に赴き、必ずや信服せんと」『球陽』巻三、尚真王＝4年(p150)

12 崎山毅『蟷螂の斧―竹富島の真髄を求めて』(錦友堂、1972年、p750-751)
『竹富島誌』(p6-7)

13 喜舎場永珣『八重山古謡 下』(沖縄タイムス社、1970年、p83)

14 羽地朝秀ほか『中山世鑑』(1650年)巻一、琉球開闢之事：訳注『中山世鑑』首里王府。諸見友重 2011年、p31-32

15 弁蓮社袋中『琉球神道記』原田禹雄訳注(榕樹書林、2001年)。袋中上人は、1603年から3年間琉球に滞在して桂林寺を創建し、さらに『琉球神道記』を残した。

16 野本寛一『生態民俗学序説』(白水社、1987年、p526-529)
『神と自然の景観論』(講談社学術文庫、2006年、p62-63)

17 外間守善編『南島歌謡大成 八重山篇』(角川学芸出版、2011年、p582)

18 「一、古見山ニ渡リョウリ 八重岳ニ 移リョウリ 二、山マアリ 見リバドウ 底マアリ イキバドウ 三、山ヌ木ヌ生イヤ 底ヌ木ヌ フドゥビヤ……」。喜舎場永珣『八重山古謡 下』(沖縄タイムス社、1970年、p300)

19 西表島の豊かな自然と生き物は、「井戸ヌパタヌ小蛙誦言」という歌から分かる。「山に棲む八重山箱亀が海亀になるまで、紅樹林の下の泥土に棲むシレナシジミがサンゴ礁上に下りてシャコ貝になるまで神様、島がある限り、長寿させてください」と歌う。喜舎場永珣「祖納集落」『八重山古謡・下』(沖縄タイムス社、1970年、p478)

20 「腰当杜(クサテイモリ)」について仲松弥秀は、「村民が祖霊神に抱かれ、その膝に

坐って腰を当て安心しきっている状態……村落民と何の隔てもなく、親しみより添う、村落民一体となっている神がクサテ森に祀られている神であって、抱き、護っているいわば村民がこの上なく信頼している神」という。仲松弥秀『神と村』(梟社、1990年、p257)

21 『おもろさうし』第三・101に、「国中（くになか）の杜（もり）に世の腰当（こしやて）」などがみられる。『琉球国由来記』には巻14：365、巻14：384、16：34、16：50、55、62、15：132、巻16：9、巻19：11などの記載がある。

22 『宮良村史』(p448-449)

23 『沖縄の神歌』Ⅱ（沖縄県教育委員会、p9-10）

24 石垣金星『表民謡誌と工工四』（西表をほりおこす会、2006年、p91）
   竹富町教育委員会『西表島の節祭　干立編』（竹富町教育委員会、1997年、p4）

25 『郷土史』（川平部落会、1950年）

26 牧野清『八重山のお嶽―嶽々名・由来・祭祀・歴史』（あーまん企画、1990年）

27 真乙姥御嶽、西塘御嶽（西塘の墓）などがある。

28 『琉球国由来記』には赤蜂を「悪鬼」として記述しているが、今は、石垣島では人々が誇りをもって石碑を建て、祭りまで行っているのは興味深い。（『琉球国由来記』p488-489）

29 文化遺産オンラインhttp://bunka.nii.ac.jp/heritages/detail/140097

30 『郷土史』（川平部落会、1950年）

31 竹富島に蔵元を置いた西塘の名言「かいしくさ　うつぐみど　まさりる」がある。

32 崎山毅『蟷螂の斧―竹富島の真髄を求めて』（錦友堂、1972年、p762-763）

33 牧野清『八重山のお嶽―嶽々名・由来・祭祀・歴史』（あーまん企画、1990年）

34 竹富町史編集委員会編『竹富町史　第3巻　小浜島』（竹富町、2011年、p346-350）

35 山城浩編著『小浜島誌―心のふるさと』（小浜島郷友、1972年）

36 運道武三編『黒島誌』(1988年)

37 坂口総一郎『沖縄写真帖』第1輯（大正写真工芸所、1925年）

38 『西表島の節祭』干立編（竹富町教育委員会、1997年）

39 仲宗根長一『八重山歌謡集』（私家版、1993年、p146-147）

40 一方、野本寛一は、鳩間島の中岡に登って歌う「国見歌」と指摘して、「古見岳」が謡われることについて、鳩間島の人々が西表島で水田を作り、狩猟を行った。また、

建材を伐り出したり、飲み水まで運んだと記し、西表島は、鳩間島の「世」をもたらす島であったと記している。野本寛一『神と自然の景観論』(2006年、p137-138)、同『神々の風景―信仰環境論の試み』(白水社、1990年)

41　表①は八重山の御嶽の様々な由来を筆者が任意的にまとめたものである。

42　「沖縄本島は、御嶽のイビを神名として扱っていて、御嶽の名称も神名としてみる八重山とは同じ扱いではない」と示唆した平良徹也氏の助言に感謝します。

43　川平では、神開きをヤマダキという。「嶽を抱く」という意味で、嶽の重責を継承することである。牧野清『八重山のお嶽―嶽々名・由来・祭祀・歴史』(あーまん企画、1990年)

44　折口信夫は1921(大正10)年に沖縄調査の後、「琉球の宗教」『古代研究』(第1部民俗學篇、大岡山書店、1930年)を著し、女人祭祀、家の神としての火の神祭祀、ニライ・カナイの他界から訪れる神々の観念が、琉球の王朝祭祀と民俗祭祀の二重構造の中にあらわれている本土の神道の古層を見いだしている。

45　前盛義英「宮良村における御嶽信仰」『八重山文化論集』(八重山文化研究所、1980年、p36)、平山輝男編著『南琉球の方言基礎語彙』(桜風社、1988年)に波照間島は、「ペゥーリフチゥ」、石垣では、「ヘーリゥフチゥ」は、入り口を表す。石垣島の宮良集落では、イビの入り口を「ペーダ」と呼称するとある。

46　「琉球の神道の根本には遥拝というところにある。至上人の居る楽土を遥拝する思想が人に移り香炉に移つて今も行われている。……香炉を以て神の存在を示す……女性の旅行者或他国に移住する者は必ず香炉を分けて携へて行く。而も其香炉自体を拝むのではなく、香炉を通して郷家の神を遥拝する」。折口信夫「琉球の宗教」『古代研究』(第1部民俗學篇、1930年、p53)

47　表②は筆者が任意的に分類したものである。

48　薗田稔『祭りの現象学』(弘文堂、1990年、p61-64)

49　植生は、現地調査及び沖縄県教育庁文化課編『沖縄県社寺御嶽林調査報告』4(沖縄県教育庁、1981年)を参考した。

50　海岸御嶽の植生は次を参考にした。高嶋敦史・尾方隆幸・大島順子・山城新・浜崎盛康「石垣島の御嶽における地形と植生の関係」『九州森林研究』69(九州森林学会、2016年、p35-39)

51　蔡温は唐名・具志頭親方文若(和名)(1682-1761)ともいい、27歳に福州に渡り風水

術を学んだ。1710年に帰国後、風水思想で数々の国家事業に携わり、山林事業に全精力を傾注した。乱開発を阻止、琉球王国が存続するため将来を見据えて王府直轄の山野を指定、「杣山政策」、山林の保全や植栽技術も制定した。「要務彙編」「杣山法式帳」「山奉行規模帳」など著書多数。

52 「四村風水記」「夫れ地理の法は山背き水走りて抱護の情なければ、則ち陰宅・郷城倶に建つべからず。……本島の満勢嶽は抱護の情なく、皆野底山は廻環して抱護の情有り。……・宜しく図に照らして皆野底山及び各村の後山に多く樹木を栽え、以て其の勢いを佐くべし」

53 翁長親方は王府から派遣された検使である。検使は八重山の実情を王府に報告し、規模帳などが作成され布達された。『石垣市史』叢書7「翁長親方八重山島規模帳」(石垣市、1994年、P76)

54 三浦国雄『風水・暦・陰陽師』(榕樹書林、2005年、p26)

55 『石垣市史　叢書7　翁長親方八重山島規模帳』(石垣市、1994年、p76)

56 「科松五拾本植付サシ候上、宥恕スルコトニ決議相成候条、右様御承知可有之此段及御通知候也。　追テ松苗八壱尺以上弐尺以下ニシテ、植付場所及ビ期日当字世話係就テ御承知可被致候明治四十三年一月登野城字民中〇谷〇長〇殿」明治四十三年(1910年)三月二十日〇谷〇氏ノ科松、当字仲道原試験場ノ東表宮良安宣、石垣当全弐名ノ世話係立合ノ上植付セリ」。「登野城付の歴史と民俗」石垣市史編集委員会編『石垣市史　民俗上』(石垣市、1994年、p39-41)

57 『川平村の歴史』(1976年、88頁〜91頁)

58 南根腐病(病原菌の学名：*Phellinus noxius* (Corner) Cunningham 和名：シマサルノコシカケの病原菌)は、本病害の初期病状は全株が黄化して萎み、最後に枯死する。黄色から深い茶色(深褐色)の菌糸面が表面に表れる。約220種以上の植物に発生という。初期の地上部には、如何なる病徴もなく一旦地上部に黄化萎んだ時は、根はすでに80％ダメージを受けて遅い。病原菌に感染された土壌や根と健康な樹木の根が接続されると感染する。セメントなどで排水及び通気不良の時に注意が必要という。(Chang, 1999、2002) 胡寶元ほか『樹木褐根病防治與監工実務』(2012年、p145)

59 司馬遼太郎『街道をゆく6　沖縄・先島への道』(朝日新聞出版、2008年、p94)

60 「御嶽の神聖さなくなる」『八重山毎日新聞』2007年2月24日、2008年1月12日

61 「樹木褐根病(南根腐病)疫区土壤處理方法」季刊『造園』76号(台湾・詹氏書局、2013年、

p77-79)

62 「伝染源をターゲットに、3種の薬剤(ダゾメット、クロールピクリン錠剤、NCS)を用いて防除試験を行った……結果から、3種の薬剤はいずれも南根腐病菌に対して殺菌効果があると考えられた。また、直径約5cmの接種源に対しても効果が認められた」。伊藤俊輔ほか「木質残渣中に残存する南根腐病菌をターゲットにした防除薬剤の検討」(第128回日本森林学会大会、2017年3月)

63 2017年12月9日西表島を訪ねた時に「西表島を掘り起こす会」の石垣金星氏が示唆したことにお礼を述べたい。

64 薗田稔『祭りの現象学』(弘文堂、1990年、p61-64)

65 八重山のミリクは、1791年、首里大役大浜用倫氏が八重山から首里に向う海路で嵐に遭い、安南(ベトナム)に漂着した際に、随行員であった新城筑登之氏に弥勒面と衣装を託したという。登野城の新城家(アラスクヤ)で弥勒面面は保管され、ミルク面をかぶる者も代々その関係者に限られる。獅子頭の面と共に毎年旧盆送り日の翌日に無病息災を願う獅子祭が行われて面を飾り祈願が行われる。

66 豊年祭の始まりは、『八重山島由来記』には見当たらない。牧野は石垣村、登野城村二つの集落であったが、登野城村から大川村、石垣村から真乙姥のある新川は分村した以後に始まったと述べる。牧野清『八重山のお嶽—嶽々名・由来・祭祀・歴史』(あーまん企画、1990年、p35)

67 豊年祭は現地調査と沖縄県石垣市教育委員会『石垣島四ヶ村のプーリィ』(石垣市、2000年、p33)を参考にした。

68 豊年祭の写真とお供えの資料は、石垣千彩氏から教わったものである。感謝の心を述べたい。

69 『石垣島四ケ村のプーリイ』(石垣市、2000年、p37-38)

70 「酒有濁而無清,米於水,使女嚼而爲糜,釀之於木桶……專用稻米,雖有粟,不喜種……晚稻五月方畢刈。七八月收穫。未穫前,人皆謹慎,雖言語亦不厲聲……收穫後乃吹小管……其俗無盜賊,道不拾遺,不相詈罵喧鬪,撫愛孩兒,雖啼哭,不加手焉。俗無酋長,不解文字,俺等與彼言語不通。然久處其地,粗解所言。俺等思念郷土,常常涕泣,其島人,拔新稻莖,比舊稻而示之,東向而吹之,其意,蓋謂新稻如舊稻,而熟當發還也。」(1479年、成宗10年6月10日)

71 牧野清『八重山のお嶽—嶽々名・由来・祭祀・歴史』(あーまん企画、1990年、p522)

72 大浜の豊年祭は現地調査と『石垣島四ヶ村のプーリィ』を参考にした。

73 白保豊年祭は『石垣島四ヶ村のプーリィ』を要約して引用した。

74 沖縄県石垣市教育委員会『石垣島四ヶ村のプーリィ』(石垣市、2000年、p171)

75 牧野清『八重山のお嶽―嶽々名・由来・祭祀・歴史』(あーまん企画、1990年、p25)

76 『竹富島誌』(p18-19)

77 1日目玻座間村は、弥勒神への祈願と神司たちは、世持御嶽で合流して礼拝。2日目仲筋村は、三方に分かれユークイの集団が根原家に集合。世持御嶽で仲筋村のシドゥリャニ「あう爺狂言」「御主前狂言」の狂言が奉納される。

78 竹富町史編集委員会編『竹富町史 第2巻 竹富島』(竹富町、2011年、p504-507)

79 「ニウスイ」は、『石垣島四ヶ村のプーリイ』では、米為御嶽、p74宮鳥御嶽、p138大浜の崎原御嶽などで、「粟酒」と解釈している。牧野清は、「ニウスイ」は「粟」の別称で、度々草をとって根に土を被せるほどよく実ることから「根おそい」の別称が生まれたと「八重山古謡」を引用し述べている(牧野清『登野城の歴史』p99)。一方、「にうすいぬ おみひゃこ」の解釈を『竹富町史 竹富島編』(p508)には、「ニライカナイ」と解釈しているが、上勢頭亨『竹富島誌 民話・民俗篇』(p3-5)には、「草むらに隠してあった種子物の神名を「根(ニー)ウスイ」と呼ぶ。根ウスイとは、種子を草の根でかぶ被すという意味である。」と記した。本稿では、豊年祭は、米酒、粟酒を持って歌うことから粟酒と記した。

80 祖納の節祭りは現地調査と『西表島の節祭』祖納編を参考にした。

81 『西表島の節祭』祖納編 (1997年、p52-53)

82 『西表島の節祭』干立編 (竹富町教育委員会、1997年、p48)

83 『南島』第一号 (1976年復刻、p37)

84 牧野清「登野城の歴史と民俗」(1975年)

85 イバチは各家で作られる円錐形をしたお握りで、白いのはうるち米、赤いのはもち米で作られ、食紅で赤く色を付ける。昔々は「鷹の卵」と呼び屋敷の周りに隠して祭当日、子供にさがさせた。それを歌ったわらべ歌「オーフダカ」である。

86 2019年1月18日種子取祭の知念清吉氏が歌ったものを参考にした。

87 「八重山毎日新聞」2016年1月31日

88 牧野清『八重山のお嶽―嶽々名・由来・祭祀・歴史』(あーまん企画、1990年、p201-203)

89 『平得公民館建設記念誌』(平得公民館、1986年)

90 『大浜村誌』(p40, 234-235, 612)

91 ニーラン神は種子袋をハヤマワリ=ハヤクバリの神に渡し、八重山の島々の神に種子を配布した。その種子が生えて豊作になったら初穂をあげてくれと頼んだ……竹富島の神は、なるべく多く竹富島に種子を分けたいと思い、ニーラン神の持って来た種子袋からニーラン神の目をぬすんで、一種の種子を草むらの中に隠した。草むらに隠してあった種子物の神名を「根(ニー)ウスイ」と呼ぶ。「根ウスイ」とは、種子を草の根で被せるという意味である。ニーラン神の殿居元家(トゥヌイムトゥ)である前泊家には、火の神の霊石が祀られている」。上勢頭亨『竹富島誌―民話・民俗編―』(法政大学出版局、1976年、p3-5, 152)

92 『竹富島古謡集 祭りの歌』(p7-8)、上勢頭亨『竹富島誌―民話・民俗編―』(法政大学出版局、1976年、p183-184)

93 「トゥンチャー」の解説は、次を参考した。野本寛一『神と自然の景観論』(p59-62)

94 『琉球国由来記』巻十三 (p317)

95 野本寛一『神と自然の景観論』(p57-59)

96 仲松弥秀は、「ニライ・カナイは、万物生成豊かな世界であり、我々の現世に福を与えてくれるという側面ももっている。……祖霊神より以前にニライ・カナイに対する信仰が先行していたと考えられる。……首里王府編集には、東方崇拝の信仰が見出される。これはニライの神は東方洋上から来臨すると観ているからである」と述べている。仲松弥秀『神と村』(梟社、1975年、p88-89, 116-117, 152-153)

97 「シコゼ御嶽」は、「嶽名同 御イベ名 友利大アルジ」は、鳩間島の友利御嶽があり、鳩間島より作物の神をお迎えして建てたという説もある。川平村の歴史編纂委員会編『川平村の歴史』(川平公民館、1976年、p73)

98 表⑦「循環する八重山の儀礼の想定」の作成に際し平良徹也氏から多いなる助言と協力を得たことに感謝の言葉を述べたい。

99 八重山文化研究会編『八重山文化論集』第2号(八重山文化研究所、1980年、p276-287)

100 牧野清『八重山のお嶽―嶽々名・由来・祭祀・歴史』(あーまん企画、1990年、p514)

101 「六月の穂利、十月種子取祝の料理、接待について」『石垣市史 叢書7 翁長親方八重山島規模帖』(石垣市、p80, 247)

102 『竹富町史』(p479)

103 かつての作物は、大浜の歌、「山入らば節」に表れる。山での薪採りや畑の草取りの仕事ぶりの根底に兄弟愛と共に麦、稲、粟、黍、芋の作物が歌われている。
一、山入らばぬ(ヤマイ)山入らばぬ(ヤマイ)ヤゥ山行きたむぬ取りぶなりゃ為す　イサガションカネヤマペルラッチュンナマヤゥ　二、原入らばぬ(ハルイ)　原入らばぬヤゥ　原行き畠(ハタギ)そうりびぎりゃ為す　三、麦稔らばぬ(ムンノウ)　麦稔らばぬ　麦ぬ稔りすや　ザラザラしい　四、稲稔らばぬ(マイミノ)　稲稔らばぬ(マイミノ)　稲ぬ稔りすや(マイミノ)チィダマグゥトウ　五、粟稔らば(アワミノ)　粟稔(アワミノ)らばぬ　粟ぬ稔りすや　ならさ石に　六、黍稔らば(キイン)　黍稔らばぬ(キイン)　黍ぬ稔りすや(キイン)　牛ぬ尾なしぃ　七、芋稔らば(アツユン)　芋稔らばぬ　芋ぬ稔りすや　ぴんてぃかんてぃしぃ　八、桃折らば(ムンブ)　桃折らばぬ(ムンブ)　桃ぬ実りすや枝まありしぃ　（『八重山歌謡集』仲宗根長一、1993年）

104 仲宗根長一『八重山歌謡集』(p368)

105 日本・韓国・台湾の国際シンポジウム　―八重山の聖なる森「御嶽林」を守ろう！トヨタ財団2017年度国際助成プログラム：「山・川・里・海を繋ぐ日・韓・台の『伝統の森』文化の保全と絆」は、次のように報じられた。「南根腐れ病は亜熱帯地域に広く分布する。キノコの仲間の「シマサルノコシカケ」の菌糸によって引き起こされる。病害にかかると葉が変色し落葉してやがて枯死に至る。胞子が飛散したり、罹患した根が健康な根と接触したりすると感染するとされ、汚染された土壌には樹木が育たないといわれる。……八重山文化の根源にかかわる重要な指摘を行政や地域、氏子たちはどう受け止めたであろうか。……枯れ木が倒伏する危険性を指摘する声はあるが、南根腐れ病対策は皆無であろう。……このままでは御嶽の樹木は全滅する恐れがある。神木が枯死した殺風景な御嶽の森を想像するだけでも恐ろしい。八重山文化は神、御嶽を中心にして形成されてきた。森の消滅は文化の危機でもある。……神司、御嶽の氏子、地域の字会や公民館、行政が集まり、早急に対策を協議すべきである」。「御嶽の森消滅の危機」『八重山毎日新聞』2017年12月9日、2018年1月20日

106 法頂『無所有』(2001年、金順姫訳p194)

あとがき・感謝の言葉

　八重山に初めてうかがったのが2009年。その時デイゴの救済運動に奮闘したことがその後のご縁に繋がりました。そして、八重山の祈りと祭りの祭祀空間──御嶽の自然と文化の素晴らしさ・奥深さに魅了されて通い続けて、あっという間にまる10年の歳月が流れました。

　本書は、当初30カ所余りの御嶽の紹介と論考等を提案し、榕樹書林の武石和実さんが出版を快諾してくださったのが出版の契機となりました。実際に2017年度トヨタ財団国際助成プログラムで助成を受けた「山・川・里・海を繋ぐ日・韓・台の『伝統の森』文化の保全と絆」において、八重山の島々の御嶽を巡って見ると、ぜひとも掲載してほしいという地域の要望に背中を押されて、いつのまにか60カ所もの掲載となりました。この本の完成を応援してくださった多くの方々にまず、感謝申し上げます。

　最初の御嶽めぐりの時から前津栄信先生には、何十年も乗られた愛車で随分お世話になりました。また、畏れ多い御嶽ですので島々の神司の方々が一緒に回ってくださったことは、大変心強く、ここで改めお礼を申し上げます。調査の際、宮本常一・安渓遊地『調査されるという迷惑──フィールドに出かける前によんでおく本』(みずのわ出版、2008年)を拝読し、調査地への配慮等を心に留めて八重山の各島を訪問させていただきました。そして、字会、公民館の皆さん、そのほか数え切れないほど多くの方々に暖かい励ましとお力添えをいただいたことをここでお礼を申し上げます。

　刊行に先立ち、2019年1月22日に行った講演会「『八重山の御嶽──自然と文化』の刊行に向けて」は、会場となった石垣島のみならず各島からも駆けつけて下さり、100名余りの参加があったことが、翌日の『八重山毎日新聞』と『八重山日報』、NHKのニュースで報道されました。地域のみなさまの八重山の御嶽に関する危機感、関心の高さが示されました。当日、93才の上地節さん等、熱心に聞いて下さった多くの方々に心からの敬意を表します。

　また、島村賢正氏、花城正美先生、平良徹也氏にも大変なご苦労をかけたことは忘れられません。楠田健太さんからは、当初から「文化の自然──

伝統の森」を熱く語りあいながら、深い理解と応援をいただき続けています。安渓遊地先生は、貴重なお時間を割いてくださり、私のつたない日本語の添削をしてくださいました。

　編集においては、膨大な写真の追加と文章の訂正を最後まで諦めず、丁寧に直してくださったでいご印刷の内海貴之さんの熱意なしには、本書は完成しませんでした。

　苦難の歴史・災害等を乗り越えてこられた八重山の方々の歩みの象徴である御嶽。その歴史的な価値を後世に伝える地域誌であるとともに、病虫害被害や気候異変、開発等の人為的影響を乗り越えて、ふるさとの自然として殺風景にならずに何時までも御嶽が大切にされてほしいという一心で、刊行を進めてきました。

　まだまだ未調査の地域が沢山ありますが、本書が些かなりとも地域の誇りある風景として、八重山の島々と人々を見守るテキストとして役立てていただけるなら、これにまさる喜びはありません。八重山の御嶽の自然と文化の循環が止むことなく、未来に繋がることを祈りながら、お力添えをいただいたすべてのみなさんと、八重山の自然、そこに住まわれる神々に心からの感謝をささげたいと思います。

　　　　　　　　シカイットゥ　ニファイユー　2019年2月14日　李　春子

編著者

李 春子

現在：神戸女子大学非常勤講師
著作：『神の木─日・韓・台の巨木・老樹信仰─』サンライズ出版、2011年
論文：・「鎮守の杜の生態象徴と空間変容」『都市の風土学』木岡伸夫編、ミネルヴァ書房、2009年
　　　・「東アジアの神の杜の信仰と持続保全」『共存学：文化・社会の多様性』國學院大學研究開発推進センター編、古沢広祐責任編集、弘文堂、2012年
　　　・「日本の水を巡る「伝統の森」の文化誌と持続保全：山・川・里・海を繋ぐ「敬森・敬水」と「親森・親水」を探る」『社叢学研究 15』社叢学会、2017年
　　　・「沖縄・八重山の「伝統の森」の文化誌的考察：循環する「水」を巡る海・山・森の「敬森・敬水」を探る」『社叢学研究 13』社叢学会、2015年

＊編集協力
　安渓遊地（山口県立大学名誉教授）、平良徹也（沖縄県立芸術大学附属研究所　共同研究員）
＊調査・編集協力
　石垣博孝、島村賢正、前津栄信、石垣金星、花城正美、星公望、竹富町教育委員会、与那国町教育委員会教育課文化振興班・村松稔、西表森林生態系保全センター・山部国広、八重山農林高校郷土芸能部
＊本書は、公益財団法人トヨタ財団2017年度国際助成プログラムの助成プロジェクト「山・川・里・海を繋ぐ日・韓・台の『伝統の森』文化の保全と絆」（D17-N-0038）の成果として出版された。

八重山の御嶽──自然と文化　　沖縄学術研究双書⑫

ISBN978-4-89805-208-2 C0339　　2019年　2月25日　印刷
　　　　　　　　　　　　　　　　2019年　3月　5日　発行

編 著 者　　李　　春　子
発 行 者　　武　石　和　実
発 行 所　　（有）榕　樹　書　林
　　　　　〒901-2211　沖縄県宜野湾市宜野湾 3-2-2
　　　　　TEL 098-893-4076　FAX 098-893-6708
　　　　　E-mail : gajumaru@chive.ocn.ne.jp
　　　　　郵便振替　00170-1-362904

印刷・製本　（有）でいご印刷　Printed in Ryukyu
©HARUKO LEE 2019

李 春子（イ チュンジャ）
総企画・東アジアの「伝統の森」準備委員長、京都大学人間環境学・博士

釜山生まれ。台湾大学人類学科卒業。アジアに共通する自然と文化の研究を通して、自然と共生する豊かな人間社会とアジアの平和を模索しようと奮闘中。八重山は、2010年、デイゴをヒメコバチから救おうと国際シンポジウムを行った縁がある。主な著書に『神の木―日・韓・台の巨木・老樹信仰―』、共著『老樹人生―自然與人文的対話』、「東アジアの神の杜の信仰と持続保全」（『共存学：文化・社会の多様性』）、「鎮守の杜の生態象徴と空間変容」（『都市の風土学』）他多数。

傅 春旭（FU CHUENHSU）
台湾・林業試験所研究員、台湾大学大学院植物病理学・博士

台湾の樹木・森林病理学が専門。「南根腐病（中国語：褐根病）」の第一人者。主な著書に『老樹木材腐朽菌図鑑』、『台灣常見樹木病害』。その他、「庭園樹木病害管理」（季刊『造園』69号）、「樹木褐根病（南根腐病）疫区土壤處理方法」（季刊『造園』76号）等、南根腐病防除や樹木保全に関する論文多数あり。

前津 栄信（まえつ えいしん）
石垣市文化協会顧問

昭和10年石垣市生まれ。大浜小学校校長を退職後、石垣市の緑化、環境問題に取り組む。在職中の担当である理科の知識を活かしたイベントや、古木や巨木の調査、植樹、省エネの普及に関する啓発や後継者育成など幅広い活動が評価され、沖縄県地域の緑化活動リーダーにも認定された。

花城 正美（はなしろ まさみ）
竹富町教育委員、小浜公民館長、竹富町史編集委員

1972年琉球大学教育学部卒業。与那国島久部良中学校校長、石垣小学校校長、小浜島小中学校校長等歴任。八重山で初めて、教育課題に三線を取り入れる等、八重山の伝統芸能伝承に尽力された。

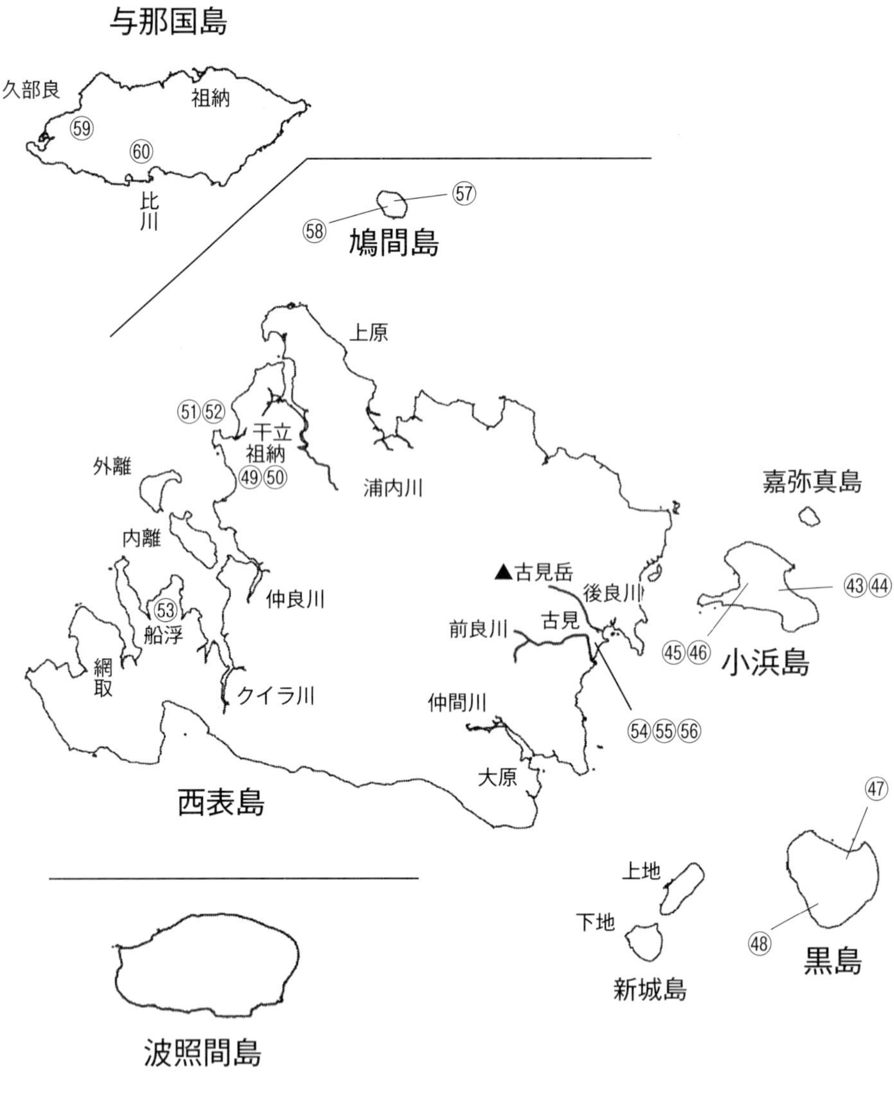

小浜島

㊸嘉保根御嶽　㊹仲山御嶽・佐久伊御嶽

㊺照後御嶽・川田御嶽　㊻ナカンド御嶽

黒島

㊼北神山御嶽　㊽南保多御嶽

西表島

㊾前泊御嶽　㊿離御嶽　(51)干立御嶽

(52)ムトゥ御嶽　(53)船浮御嶽　(54)請原御嶽

(55)三離御嶽・兼真御嶽

(56)慶田城御嶽・平西御嶽

鳩間島

(57)友利御嶽　(58)新川御嶽

与那国島

(59)久部良御嶽　(60)比川御嶽